別把夢想困在眼淚裡
找回妳的名字，而非一種角色

林芷涵 編著

ELEGANT REBELLION
優雅反叛！
拒絕扮演社會定義的好女人

愛不是依附，而是自信的選擇
成為妳自己，是一生最勇敢的事

取悅世界，不如善待自己
拋開討好與順從，活出無所畏懼

目錄

前言　打破枷鎖，發現內在的力量……………………… 005

第一章　那些無形的枷鎖困住了妳……………………… 007

第二章　重拾完整的自我………………………………… 029

第三章　掌舵自己的人生航向…………………………… 053

第四章　鍛造堅韌的內心力量…………………………… 085

第五章　跳脫命運設下的框架…………………………… 109

第六章　做個靈巧圓融的智慧女人……………………… 131

第七章　愛得清醒，才能愛得長久……………………… 159

第八章　穩固關係，經營屬於自己的幸福……………… 189

目錄

前言
打破枷鎖，發現內在的力量

　　古老的神話中，女人總是與男人的命運息息相關，像是亞當的肋骨為夏娃的來臨鋪路，將女人置於男人的影子之下。這種故事和文化背景長久以來讓人們將女人視為男人的附屬品，並框定其在生活中的角色與價值。然而，隨著時代的進步，這種觀念開始遭遇挑戰。如今，越來越多的女性發現，自己並非男人的附屬，甚至能夠打破過去的枷鎖，重塑屬於自己的命運。

　　在現代社會中，女人並非缺少成功的能力，而是往往在傳統觀念與日常生活的重擔下，無法完全發揮自己內在的潛力。她們往往將家庭與他人期待視為主要任務，而忽視了自己成長與發展的空間。這不僅讓她們錯過了多次自我成長的機會，也無形中讓她們喪失了追求夢想和成功的權利。

　　然而，當女人們開始意識到自己的潛力，並學會不再將自己束縛於傳統角色時，她們的生活便開始出現巨大的轉變。她們發現，自己並不比男人差，擁有與生俱來的資本與優勢。她

前言　打破枷鎖，發現內在的力量

們擁有智慧、堅韌、創意，最重要的是，她們懂得如何將這些內在的資本變成實際的力量。

　　這樣的女性懂得在變化的世界中找到屬於自己的位置，她們不再為了他人期待而活，開始為自己創造真正的成功與幸福。她們了解到，不必再迷失於過去的束縛，也不再讓他人的標準來定義自己。正因如此，這些女性變得越來越強大，她們突破自我，不斷挖掘自身的潛能，最終成為生活中的贏家。

第一章

那些無形的枷鎖困住了妳

　　有些女人，把整個人生都繫在家庭的圍牆內。她們的世界從廚房延伸到育兒間，再延伸到丈夫的需求與期待，每天在熟悉的空間裡來回奔波，彷彿那就是她們的全部。

　　然而，日復一日的忙碌卻讓她們漸漸失去了自己。時間在走，年紀在長，但內心沒有改變，視野也未曾開拓。等到人生步入尾聲，才猛然發現，自己好像從未真正做過什麼是為了自己而活的事，更遑論活出夢想。

　　那麼，該如何跳脫這樣的生活軌跡，重新找回自己的方向？

　　唯有覺醒，女人才能真正翻轉命運。當我們開始看見那些被視為理所當然的角色與框架，其實早已束縛了心靈，那麼才有機會掙脫，勇敢踏出一步，朝向更自由、更真實、更豐富的人生前行。

第一章　那些無形的枷鎖困住了妳

突破自我，重新定義人生

　　麗華是一位年輕的女性，與許多傳統家庭中的女性一樣，她的生活圍繞著家庭、丈夫和孩子。她認為，作為一個妻子和母親，就是她最大的責任和價值所在。每一天，她在廚房忙碌、照顧孩子，無暇思考自己的人生。丈夫事業有成，孩子聰明伶俐，而她的世界似乎圍繞著這些角色轉動。

　　然而，隨著時間的推移，麗華逐漸感到內心的空虛。她忽略了自己的夢想和熱情，日子彷彿只是一天一天地過，每天的重複和忙碌讓她感到迷失。當她偶然看到同學蘇菲在社交媒體上分享自己創業的故事，麗華不禁心生羨慕，心想：「為什麼她能夠活得那麼精彩，我卻無法走出這條道路呢？」

　　蘇菲從小就有著藝術的夢想，如今，蘇菲擁有了自己的工作室，逐漸在藝術界獲得了認可。這讓麗華感到既震驚又鼓舞。她意識到，自己從未真正給自己機會去追求心中的理想，從未敢於放下對家庭的責任以外的自我要求。

　　某天，麗華決定不再滿足於眼前的生活，她報名參加了藝術培訓班，重新拾起了對繪畫的熱情。儘管初期面臨著無數困

難,她卻發現自己漸漸找回了年輕時的活力。她開始學習如何將自己的創意具象化,並在業餘時間積極參加展覽。幾個月後,麗華的畫作被一家畫廊看中,開始展出,並取得了初步的成功。

她發現,自己的生命不僅僅是為了家庭而活,她的自我價值也應該有屬於自己的空間。每當她在工作室裡畫畫,聽著自己創造的音樂,心裡充滿了前所未有的快樂與成就感。她明白了,只有在追求自己夢想的道路上,才能夠擁有真正的自由與快樂。

重拾生活平衡

最終,麗華在藝術上獲得了成功,也找到了生活的平衡。她的家庭依然是她的核心,但她不再是那個被生活和責任束縛的人,而是一位能夠同時照顧家人並且追求自己夢想的女性。她的改變,讓她更加自信、充實,而這份來自內心的力量,也讓她在所有的人生角色中,找到了屬於自己的真實自我。

無論外界的期待如何,我們每個人都應該有屬於自己的追求和夢想。真正的快樂並不僅僅來自於履行傳統角色,更來自於發現自我並實現自己的價值。當我們學會平衡生活中的不同角色,同時追求自我成長和夢想,那才是我們能夠過上最幸福生活的方式。

第一章　那些無形的枷鎖困住了妳

懶惰帶來的生活危機

懶惰是一種心理上的厭倦狀態，從極度散漫到猶豫不決，都是它的表現形式。當一個人因生氣、自卑、嫉妒或不滿而陷入懶惰，就會失去原本該有的行動力，生活因此蒙上一層灰色。

33歲的林雅如，最近越來越沒有工作動力了。自從先生晉升為外商公司主管後，她就過上了人人稱羨的日子，出門有人接送，高檔餐廳隨時光顧。然而，她在公司裡卻從積極認真的員工，逐漸變成了「得過且過」的人物。每天上班後不是看報紙，就是打電話聊天，手邊的工作總要主管催促才願意勉強完成。

公司要求所有員工學習新的數位化系統，提升業務效率，同事們都積極參與課程，她卻沒興趣，只上了幾堂課便感到厭煩，索性躲去茶水間喝咖啡。同樣的狀況也出現在公司慶祝活動中，她過去總是積極參與，這次卻藉口身體不舒服推辭參加。

以前林雅如每週都會練習插花，她還曾多次參加比賽；現

在卻把花材與工具束之高閣，寧願坐在沙發上喝咖啡、看電視，連假日去郊外散步，她都嫌累不想動了。同事們對她的態度也逐漸冷淡，丈夫的眼神也多了些疑惑，林雅如終於開始感到危機。

重新振作

心理學家曾指出，懶惰是一種慢性心理問題，它會逐漸侵蝕人的意志，導致人不再願意努力，生活陷入停滯。想要擺脫這種狀態，首要的就是找回人生目標。有了明確目標的人，自然會充滿動力，懶惰也就無法侵襲。

再者，學習肯定自己並將不足之處轉化為奮發向上的動力。無論是在工作或生活中，都應該盡力而為，遇到挫折時更要積極改進不足。只要堅持一段時間，就會發現自己更少後悔，也更能從簡單到困難逐步達成目標。

克服懶惰雖然不容易，但只要決心改變並持續努力，妳就能從中獲得豐富的人生收穫。

第一章　那些無形的枷鎖困住了妳

優柔寡斷，是女人最大的敵人

許多女性在面對重要決定時，總是搖擺不定，前一秒才剛做好決定，下一秒又立刻動搖，反覆思考卻遲遲無法下定決心。這種個性，會讓女人在關鍵時刻錯失良機，無法抓住生命裡難得的機會。

吳靜宜在美國讀碩士班時遇見了同系的學長安迪，彼此情投意合。然而，她猶豫不決，想起出國前曾向父母保證，留學期間絕對不談戀愛。此外，安迪家庭條件普通，她又擔心和安迪交往後，未來的生活是否會辛苦不堪？就在她猶豫不決時，安迪因為被拒絕而情緒低落，一天夜晚騎機車意外發生車禍，導致右腿骨折，最終回國治療並放棄學業。

吳靜宜感到自責與痛苦，她決定勇敢面對內心，向學校申請休學一學期，飛往安迪的家鄉新加坡，主動表明自己的心意，陪伴他一起度過難關。這次行動，讓她明白了猶豫只會帶來更多遺憾，唯有果斷才能改變人生。

職場上也同樣如此，許多女性因猶豫不決而錯失大好機

會。林佳穎在知名科技公司服務多年,經驗豐富,但她一直猶豫是否跳槽到新創公司擔任主管職務,擔心自己無法適應陌生的環境,也怕薪資條件會降低。當她還在遲疑時,比她資歷淺的同事卻成功應徵上職位,且迅速獲得晉升機會。靜宜因此懊悔不已,覺得自己明明能力更好,卻因為缺乏果斷的行動力而讓成功與自己擦肩而過。

培養果斷的三個步驟

想擺脫猶豫不決的毛病,首先要找回對自己的人生主控權,培養自我肯定與決斷的個性。

一、培養自主判斷能力

女人要學會獨立思考,凡事不要過度依賴他人的意見。人們常因為群體壓力而放棄自己的決定,導致人生失去方向。因此,女性應該強化自我主見,勇敢相信自己的決策能力,才能不受外界所左右。

二、立即行動,抓住機會

當機會出現在眼前時,不妨大膽地嘗試,就算失敗了,至少還能獲得寶貴的經驗,增加未來成功的可能性。凡事果斷行動,才有可能突破現狀,贏得更好的未來。

第一章　那些無形的枷鎖困住了妳

三、擺脫猶豫，邁向果斷的人生

優柔寡斷是成功路上的絆腳石，想要突破現狀，女性必須鍛鍊自己果斷的性格。從現在開始，停止猶豫、立刻行動，人生才能真正掌握在自己手中，才能擁有自己想要的成功。

虛榮心，是阻礙女人前進的絆腳石

　　每個人都渴望受到肯定，尤其是女人，常特別在乎別人的眼光。然而，若對讚美和他人的肯定渴望過於強烈，這種自尊就會演變成虛榮心。當女人陷入虛榮的泥沼，就容易失去自我，甚至做出後悔終身的決定。

　　林詩涵從小因外貌出眾，經常獲得長輩的讚美，習慣被人誇獎的她，漸漸養成愛慕虛榮的性格。進入大學後，她身邊的朋友家境大多不錯，經常穿著名牌，使用最新的手機、名牌包包。林詩涵家庭經濟普通，心裡不禁產生自卑與羨慕，開始覺得自己的生活黯淡無光，甚至為此感到焦慮與難過。

　　這時，室友曉柔鼓勵她說：「我們去參加一些聚會，認識幾個有錢的朋友，以後生活就會變得輕鬆了。」林詩涵考慮後，同意了朋友的建議。於是，她開始出入高級場所、結識許多富二代朋友，享受他們帶來的虛榮感。但這種浮華的生活並沒有帶給她真正的快樂，反而一步步迷失自己。最後，她發現自己成績一落千丈，甚至因曠課太多差點被學校退學，才猛然驚覺自己的荒唐。

第一章　那些無形的枷鎖困住了妳

遠離虛榮，找回自我

女人若想避免被虛榮蒙蔽雙眼，必須培養自信，了解自己真正的價值，不再依賴外在的評價來肯定自己。其次，必須明白真正有價值的是自身的能力與內涵，而非虛假的外在光環。無論處於任何階段，都應以踏實的態度努力提升自己，而非追求短暫的虛榮。

若要真正擁有幸福與成功，必須拋下虛榮的枷鎖，學會用務實的態度經營人生。當內心不再渴望華而不實的掌聲時，才能真正走向充實而豐富的人生道路，成為一個自信且有魅力的女人。

嫉妒，最終害的是自己

女人的嫉妒往往來自於內心深處的自卑與不足，當看到其他女人擁有美貌、財富、能力或才華時，心中便會湧起強烈的不平衡感，甚至進而產生怨恨與不滿。事實上，嫉妒從不會帶來進步，只會蒙蔽雙眼，讓自己陷入困境而無法自拔。

張婉婷原是廣告公司中最受主管器重的設計師，一直表現出色，每年都能獲得最佳員工獎。但今年主管將這個獎頒給了一位新進的同事，理由是這位同事不但工作表現亮眼，而且家中剛好遭逢意外，需要幫助。張婉婷知道後，心中充滿了憤怒與不滿，竟然開始散播謠言，質疑同事家中的情況是捏造的，想藉此抹黑對方。

然而她的言論傳出後，同事們對她的印象大為改觀，主管也開始重新評估她的人品與態度。最終張婉婷失去了升遷的機會，甚至被公司冷落。原本才華洋溢的她，竟因嫉妒毀掉了自己辛苦建立起來的聲譽與人緣。

嫉妒的女人以為藉由貶低別人可以提升自己，事實上最終只會傷到自己，甚至走向失敗與孤單。

第一章　那些無形的枷鎖困住了妳

走出嫉妒的泥沼

　　要擺脫嫉妒帶來的負面影響，女人必須認清嫉妒心理的本質，明白嫉妒只是一種自我傷害的情緒。當內心嫉妒萌芽時，應盡快調整自己的心態，坦誠面對自身不足之處。透過學習與努力，轉化嫉妒的力量，將原本的負面情緒轉為積極進取的動力。人與人之間的差距是必然存在的，坦然接受這一點，才能停止無謂的比較。

　　與其嫉妒他人，不如選擇向對方學習，將嫉妒轉化為良性競爭，透過自我提升來減少落差。當女人能夠欣賞別人的成功，並以此激發自己的鬥志時，嫉妒自然會逐漸消失，取而代之的是更多正面的力量。

　　嫉妒的女人最終只會折磨自己，阻礙自我的成長。學會調整內心的不平衡，保持豁達的態度，才能獲得真正的平靜與快樂。唯有不再嫉妒，人生才能充滿光明，自己也能真正贏得尊重與肯定。

甘於弱者的人生，是最大的悲劇

有些女人習慣了把自己視作弱者，遇事總覺得自己無法解決，便主動放棄競爭，甚至將幸福寄望在別人身上。許多女人正陷入這種無法突破的「弱者思維」，放棄自主權，甘於當人生的配角。

這樣的女人，不僅容易失去成長的機會，也可能錯失真正的幸福。「女人若自甘為弱者，便只能活在別人為她畫好的圈圈裡。」自認為弱者的女性，無論走到哪裡，終究都無法掌控自己的人生。

曾雅婷原本在銀行工作，結婚後便辭職在家，全職照顧家庭和孩子。然而，丈夫多年來不斷外遇，她卻總是忍耐，認為失去了丈夫的經濟支持，自己將無法生存。朋友看不下去，紛紛鼓勵她：「妳不是沒能力，只是妳一直認為自己是弱者而已。」在朋友們的激勵下，她終於振作起來，重新投入職場，靠自己的努力逐漸重新站穩腳步，最後還創立了一家自己的餐飲品牌，實現經濟獨立。

第一章　那些無形的枷鎖困住了妳

　　事實證明，只要女人願意放棄弱者心態，就能找回對生命的掌控權，不必再依附任何人，也能活出自己的精彩人生。

女人要活得堅強，更要活得自信

　　「自信是改變人生的關鍵。」若想要擺脫弱者的角色，女性必須建立自信，認真看待自我能力，並願意主動挑戰現實。自信並非盲目自負，而是相信自己具備解決問題的能力，願意接受挑戰，不怕失敗，更不怕挫折。

　　女人若想擁有自己想要的生活，就必須放棄弱者的思考模式，不再習慣於依賴、退縮。當妳勇敢地踏出第一步，告訴自己：「我不僅能做，而且能做得很好！」妳就已經踏上了成功的道路，真正贏得屬於自己的幸福與尊重。

怯懦，讓女人失去掌控權

許多女性在面對機會和權力時，往往會因內心的恐懼而表現得畏縮不前。這種害怕，不是來自於能力不足，而是擔心別人對自己的評價，害怕別人的反應，甚至害怕超越了某些傳統的界限。女性若被這種恐懼支配，就會錯失許多原本屬於自己的機遇，終究無法真正實現自我的價值。

林宛如剛晉升為公司部門主管，團隊裡男同事居多。她雖然能力出色，但面對這些資深的男性員工，她總是不敢明確地下達指令。每次要指出某位員工的錯誤時，她總會小心翼翼地說：「我們這次的專案可能出了一點狀況。」而不敢直接指出錯誤所在。久而久之，團隊績效下滑，上級開始質疑她的管理能力，甚至懷疑當初讓她擔任主管的決定是否正確。

職場上的女性常常因害怕展示自己的能力，害怕得罪人，而將真正的自己藏在幕後，逐漸失去了機會。美國知名社會心理學家桑德伯格（Sheryl Sandberg）在其著作《挺身而進》(*Lean in: Women, Work and the Will to Lead*) 中指出：「女性之所以害

第一章　那些無形的枷鎖困住了妳

怕表現出權力,是因為從小受到的教育告訴她們必須謙虛、被動。」許多女性因此甘願將自己定位為弱者,即便擁有充分的才華,也不願積極爭取屬於自己的機會。

勇敢做自己,走向成功

想改變怯懦的性格,女人首先必須學會相信自己的能力,並勇敢表現出來。德國前總理梅克爾,最初進入以男性為主的政壇時,也曾面臨質疑與排擠,但她勇敢堅持自己的風格與原則,最終贏得眾人的尊重與支持,成為全球最具影響力的女性之一。

唯有大膽踏出舒適圈,才能真正發掘自己的潛能。女人若想成功,必須放下害怕失敗的恐懼,學習用積極果斷的態度迎接各種挑戰。當妳不再害怕別人的眼光,願意為自己挺身而出,才能真正掌握機會,開創出屬於自己的幸福與成功。

遠離無謂紛擾，活出精彩人生

非洲草原上有一種吸血蝙蝠，常緊緊附著在動物腿上吸血，動物為了擺脫牠們不斷狂奔，最終因過度耗損體力而倒下。現實生活中，不少女性也會陷入類似的情況，因為過度在乎瑣碎的小事，無謂地生氣、較勁、計較，結果把自己的能量和精力都消耗殆盡，最終錯失人生更重要的機會。

美慧原本有著幸福的家庭，但她總是習慣疑神疑鬼，過度在意丈夫的一舉一動。只要丈夫稍微晚回家，或與其他女性聊得較開心，她便開始不斷質問、懷疑，甚至跟蹤丈夫。一開始丈夫還願意解釋，但久而久之，丈夫感到疲累、煩躁，最後這段婚姻也走到了盡頭。當離婚時，美慧才恍然明白，原來摧毀這段婚姻的並不是什麼真正的外遇，而是自己長期無謂的計較和猜忌。

將時間和精力花在那些無意義的瑣碎事情上，最後只會傷害自己，讓自己的人生變得混亂、沒有重點。真正聰明的女人會懂得看清楚生活中哪些才是真正值得關注的事，而不會陷入無止盡的小情緒中無法自拔。

第一章　那些無形的枷鎖困住了妳

拒絕瑣碎人生，專注成長

　　淑芬曾經是個抱怨滿滿的家庭主婦，總覺得婆媳關係難處理，丈夫又不體貼，成天充滿煩惱。有一天朋友問她：「妳一直在抱怨這些事情，但妳的人生除了抱怨以外，還做了些什麼？」淑芬頓時醒悟過來，她開始將注意力從這些瑣事中抽離，學會投資自己。她安排時間學習烘焙、健身，也和朋友們聚會聊天，慢慢地，她變得自信而開朗，生活越來越豐富有趣。

　　後來，當淑芬的孩子進了小學後，她順利重返職場，並因為這幾年的自我充實與提升，工作表現更加亮眼，最終獲得主管的賞識與肯定。

　　人生的能量有限，如果每天都將心力消耗在無謂的小事上，只會讓自己離幸福越來越遠。真正懂得生活的女人會妥善地管理自己的情緒與時間，不再被那些無謂的紛擾所干擾。這樣的人生才會越活越精彩，越來越有魅力，也才能真正體會到成功與快樂。

急躁追名，反而迷失方向

　　現代社會節奏快、壓力大，不少女性為了盡快證明自己的價值，開始急於追求快速成功，渴望迅速取得令人矚目的成就。她們認為，只要早一點成功，就能早一步獲得他人的讚美與掌聲。然而，這種急功近利的心態，卻讓許多女人反而失去原有的平衡與方向，甚至犧牲了個人的尊嚴和幸福。

　　楊佩瑜原本是知名外商公司的業務經理，為了快速晉升、獲得更高的薪水與頭銜，她開始不擇手段地爭取業績，甚至用誇大的承諾欺騙客戶。剛開始，她的業績確實快速飆升，但不久後，她的行為遭到公司內部調查，不僅失去了工作，還丟了原有的好名聲。原本追求成功的她，卻因為太過急切，反而落得一場空。

　　追求快速成名或成功並非錯誤，但如果過於急躁，把眼光放在短暫的利益上，最終卻可能連原有的一切都失去。

第一章　那些無形的枷鎖困住了妳

踏實成長，才是成功的本質

真正的成功不是短暫光環，而是一步一步踏實地走過每個過程，累積能力與智慧。過度追求眼前的名利，往往會讓人忽略長期價值，迷失真正重要的東西。一位資深的企業家曾表示：「成功的關鍵在於過程，最寶貴的永遠是成長與進步，而非短暫的結果。」

真正懂得追求成功的女人，不會迷戀快速獲得的虛名，而是能沉下心來提升自己的實力，透過每一次挑戰累積經驗與智慧。唯有這樣，女人才會真正站穩腳步，最終獲得持久且真正屬於自己的成功。

停止成長，人生也會停止

有一個寓言故事說，有一棵蘋果樹第一年結果十顆，但牠不滿自己果實多數被動物吃掉，就決定停止成長。結果每年產出的果實數量越來越少。另一棵梨樹卻持續成長，果實逐年增加，最後成了果實豐碩的大樹。許多女人也像這棵蘋果樹，總是抱怨付出多，回報少，因為得不到應有的回報，就憤怒、消極、不願再成長，最後卻害了自己。

許佳琪在廣告公司做設計，認真負責，卻始終得不到老闆的肯定和應有的報酬。她很失望，便開始消極怠工，認為付出再多也沒意義。不久後公司提拔了一名新進員工當主管，而許久不再學習新技能的她，反倒成了公司的邊緣人物。原來，她以為是老闆忽略了她，實際上，是自己停止了成長，放棄了進步的機會。

成長帶來真正的成功

有位女性上班族，一開始進公司時，薪水很低，也得不到主管的重視。她起初抱怨不公，後來決定改變心態，將全部心

第一章　那些無形的枷鎖困住了妳

思放在自己的能力提升上。她不僅學會公司所有的業務技能，還主動學習新的領域，最後成為公司不可或缺的人才。原本她打算學成就離職，結果卻因為自己的能力提升太快，獲得主管的賞識，一路晉升到高階主管，事業逐漸步入正軌。

若想成功，最重要的是持續讓自己成長，學習新事物，增加自我的價值。生命中所有的付出，都不會白費，只是回報不一定在眼前立即呈現。

女人若希望獲得人生的成功與幸福，必須不斷提升自我，培養內涵與能力，這才是真正屬於自己的資產。當妳能專注於自我的成長與累積時，就算暫時沒有明顯的成果，但機會總會在未來出現，妳的人生也會因此更加充實、精彩，成功也會自然降臨在妳身上。

第二章

重拾完整的自我

　　女人若想走向成功,首先必須擁有一個完整的自己,也就是一個真實的「自我」。她需要了解自己、疼惜自己,接納那個並不完美的自己,傾聽內心的聲音,忠於內在的渴望,並勇敢追尋自己嚮往的生活⋯⋯唯有如此,她才能不被喧囂的社會迷惑,也不會在日常生活裡迷失方向。

　　她將有更多時間探索自身的潛能,讓靈魂獲得釋放,個性自然展現,心智持續成長,生命的意義也得以實踐。總之,擁抱自我,才能讓女人活出真正的精彩!

第二章　重拾完整的自我

了解自己，找到成功的起點

　　想要過得快樂又成功的女人，首先要懂得了解真正的自己。許多女性常常對自我的了解不足，不清楚自己的優點和缺點，導致容易迷失方向，做事也沒有自信。然而，真正懂得了解自我的女人，能清楚看到自身的優缺點，知道自己想要的是什麼，該往哪個方向前進，這才是活出理想人生的重要關鍵。

　　有位叫珍妮的女性，身高只有 130 公分，她一度感到非常自卑。然而，她並沒有沉溺於自我否定，而是仔細分析自己的優勢，發現自己善於溝通，富有創意。於是，她決定善用這些特質，創辦了一間專門提供迷你家具和用品的特色公司，專門服務像她一樣嬌小的人群，結果這個獨特的構想讓她取得了巨大成功，還成了當地知名的女企業家。

　　生活中，許多人總是埋怨環境不公，或抱怨自己付出得不到回報，卻忽略了真正的問題往往是缺乏對自我的正確認知。當妳能清楚了解自己的特質，就能找到適合自己的道路，邁向成功。

了解自己，找到成功的起點

正視缺點，才能不斷前進

有的女性高估了自己，處處表現得強勢傲慢，最終人緣欠佳；而有些女性卻因為自我評價過低，遇事總是退縮不前，失去許多機會。真正了解自己的人，能夠客觀地看待自己的長處與短處，既不會自視甚高，也不會過度自卑，因為知道如何善用自己的優勢，也願意不斷改善缺點。

有位女作家剛開始寫作時總是遭到退稿，她一度懷疑自己沒有才華。但她沒有就此放棄，而是冷靜確認自己寫作的不足，積極學習、充實自己的能力。幾年後，她的作品開始逐漸受到讀者肯定，最終成為暢銷書作家。這樣的成就，不是憑運氣，而是來自她對自己有清楚的認知，並願意不斷改進。

了解自己，是走向幸福的基礎

只有清楚了解自己，才能真正建立起屬於自己的價值觀和自我認同，並更有效地適應社會，創造自己想要的人生。女人如果希望獲得成功與幸福，就必須從了解自己開始，誠實面對內心，找出自己的特色與潛能，從而真正活出屬於自己的價值與精彩。

透過優勢能力的自我覺察，妳也許會發現自己的優勢所在，這對妳要從事的工作很有幫助。

第二章　重拾完整的自我

　　除此之外，女人還要正視自己的缺點。一個女人身上的一些弱點或者「頗具挑戰性的特質」可能會阻礙自己獲得快樂、滿足或是成功。了解自己的缺點，才能讓自己改正缺點的努力更具有針對性，也才會使自身的努力更有意義。

　　對於一個女人來說，如何了解自己，如何評價自己的能力，具有什麼樣的自我價值觀，樹立什麼樣的自我形象，直接地影響她們能否適應社會、能否在生活中順利前進和發展、能否贏得幸福的人生。只有正確了解自己，總結自己，與真實的「自我」和諧共處，才能更好地調整自己的腳步，去過自己想要的生活。

做真實的自己，才有真正的幸福

在這個世界上，每個人都有屬於自己的特質，女人也是如此。然而，許多女人為了追求所謂的完美，努力迎合別人的眼光，隱藏真實的自己，裝出另一個自己來博取他人的認同，但這種假裝，只會讓自己疲憊不堪，也無法得到真正的幸福。

曉雯曾經為了討好別人，刻意偽裝成一個活潑開朗的女人，事實上她的個性安靜內向。為了讓同事喜歡她，她不但強迫自己每天參加各種聚餐、活動，還要裝出積極又外向的模樣。長久下來，她活得越來越疲累，不但沒有真正的朋友，還差點得了憂鬱症。有一天，她終於覺醒了，決定坦然接受自己內向害羞的個性，開始做自己喜歡的事情，培養自己的興趣，也不再刻意迎合他人。漸漸地，曉雯的人緣不但沒有變差，反而因為真誠待人而更受歡迎，真正地活出了自在與快樂。

不管外界如何喧囂，每個女人都有屬於自己獨特的生命價值。當妳能接受自己的本色，並用最自然、最舒服的方式生活，才能讓妳的內在魅力真正展現出來，進而獲得真實的幸福與快樂。

第二章　重拾完整的自我

本色，才是成功的基礎

娛樂圈裡，最受人喜愛的明星，往往不是因為她們的外貌或財富，而是她們展現出的真實個性與自然魅力。有些藝人從不刻意迎合潮流，始終保持率真而自然的個性，不假裝、不造作，因而贏得許多人的喜愛與尊重，正是來自於真實、自信的本色。

生活中許多人習慣為了成功而刻意討好別人，卻忘了自己真正喜歡什麼、需要什麼。真正成功的人生，不是成為別人眼中的樣子，而是成為自己心目中想要成為的人。女人若能真誠地面對自己，勇敢地活出屬於自己的樣子，才能獲得持久的快樂與成功。

每個女人都有自己的獨特之處，與其追求虛假的完美，不如勇敢接受不完美的自己，堅持自我，過屬於自己的生活。當妳能夠真實地面對自己，妳才會真正擁有自信，活出令人欽佩的魅力，人生也會因此更有意義與價值。

依賴是一種危險的幸福

生活中,許多女人習慣依賴身邊的人。婚前依賴父母,婚後則依賴丈夫,看似享受著他人的照顧,卻慢慢失去了自我。語濛就是這樣的一個女人,她年輕時外貌出眾,丈夫非常疼愛她,對她的照顧無微不至。日子久了,她逐漸將這種照顧視為理所當然,甚至放棄了工作,完全依賴丈夫生活。然而,丈夫在外遇到真正能理解和支持他的女人後,語濛原有的生活便徹底崩潰,她無法理解丈夫為何背叛自己,直到現實逼迫她重新面對自我。

對女人來說,過度依賴他人就像一個華麗卻脆弱的泡泡,看似幸福,卻經不起現實考驗。當這層泡泡破裂時,自己不僅會失去原有的生活,更可能會失去人生的重心。

離婚之後,語濛開始了獨立的生活,她搬到另一個城巾,從最基礎的工作開始做起,逐步找回自己的生活重心。雖然剛開始並不容易,但隨著她不斷成長,獨立的人格與堅強的意志也逐漸展現出來。她發現自己過去的依賴,只是一種虛幻的幸福,而真正持久的快樂與幸福,必須由自己親手創造與掌控。

第二章　重拾完整的自我

獨立，才是女人最好的資本

許多令人欽佩的女人，之所以充滿魅力，不是因為她們依靠別人的光環生活，而是因為她們足夠獨立，能夠掌握自己的人生。女人一旦學會獨立，就擁有了自信的資本，即使面對困難，也不會失去方向。

女人最迷人的樣子，便是能夠不依賴別人，靠自己的力量過上真正想要的生活。當妳學會獨立，擁有屬於自己的能力與經濟基礎，妳便擁有了自由選擇人生的權利，任何人都無法輕易奪走妳的幸福。女人唯有獨立，才能活得自信而精彩，成為真正令人尊重與欣賞的人。

有主見，才能真正活得漂亮

在現實生活中，許多女人缺乏主見，容易受到別人的影響，結果活得辛苦又不開心。小安是一位外型亮麗、個性溫柔的女生，受到不少追求者的喜歡。然而，在面對兩個都對自己很好的男生時，她猶豫不決。她一下聽朋友說 A 比較好，一下又聽別人說 B 更體貼，拿不定主意的結果，就是兩邊都得罪了，最後落得孤單一人。

缺乏主見的女人，就像一片浮萍，隨著外界的看法而改變方向，最終失去了自我。真正能過得幸福、有自信的女性，都有著明確的主見。這種主見不僅是對人生的清晰認知，更是對自我的堅持與認定。

職場中有一位名叫雅琪的主管，她帶領的團隊中大部分是男性員工。剛接任主管時，她為了討好人家，害怕下屬不滿，工作反而越來越難推動。有一天她突然覺醒，決定從此不再一味討好，而是堅持自己的原則與主見。起初她的下屬覺得不適應，但時間久了，卻反而更願意聽從她的指揮，因為她的決定果斷明確，領導力逐漸被肯定。後來她的團隊業績越來越好，

第二章　重拾完整的自我

她也因為自己的主見與魄力，得到了更多尊重與認可。

有主見的女人，才能真正活出自己的價值，贏得成功和尊敬，而不是永遠活在他人的眼光裡。這並不是說女人應該忽視別人的意見，而是說妳必須知道如何在眾多的意見之中，選擇對自己最有利、最合適的方向，然後堅持不懈地走下去。

堅持做自己，才能掌握幸福

女人若想要獲得成功與幸福，必須懂得如何清晰而堅定地表達自己的想法，不盲從別人，也不輕易隨波逐流。唯有清楚自己要什麼、能做什麼，堅持走適合自己的道路，才會發現人生不再充滿迷茫與困惑。最重要的是，女人必須明白，擁有主見不是固執己見，而是在眾多的聲音裡，懂得聆聽自己的內心，做出最適合自己的選擇，這樣才能活出真正的自我，真正的幸福也會隨之而來。

女人最美的妝容，是自信的光芒

　　自信是一種內心的力量，更是一種永不褪色的魅力。現實生活中，很多女人常常因為缺乏自信，而將人生過得平淡無光。然而，真正懂得自信的女人，卻能夠坦然面對生活裡的一切困難與挑戰，即使不擁有完美的外貌，也依然能活得閃亮動人。

　　即使不是最美的女生，憑著自信、真誠與幽默的談吐，自然會獲得大家的喜愛與認可。有自信的女人不會過度在意外界的眼光，也不會隨波逐流。她們知道如何肯定自我價值，無論外在條件如何，都可以自然而然地散發出獨特的氣質，贏得他人的尊重與喜愛。自信不只是讓人保持淡定、從容，它也能帶給女人改變人生的勇氣與力量。

　　林欣慧曾是一位平凡的上班族，沒有任何家庭背景的她，經歷了失業與失戀的雙重打擊，曾一度陷入人生低谷。然而，她並沒有因此而放棄，她相信只要自己願意努力，總有一天能創造屬於自己的奇蹟。在最困難的時候，她決定創業開一間小咖啡店。雖然初期生意並不順利，但她從未失去信心，並不斷告訴自己：「我一定做得到。」慢慢地，她用真誠與熱情贏得

第二章　重拾完整的自我

了顧客的喜愛,不僅咖啡店逐漸受到歡迎,最後更擴展為連鎖品牌,成為都市中一道溫暖的風景。

正因為擁有自信,女人才能從容面對生活中的挫折與挑戰,並且一步步走向成功。

女人的自信,決定了人生的高度

一個女人無論外表如何,只要擁有自信,就能夠散發出獨特而迷人的氣質。真正自信的女人,懂得自己的價值,不會輕易被外界所左右。當妳擁有堅定的內心,勇敢地面對人生的一切,妳就會發現,幸福與成功的鑰匙其實早已掌握在妳的手中。

女人最美的妝容,就是自信散發的光芒。只要妳相信自己,妳的人生就能充滿精彩,也必然能贏得屬於自己的美麗人生。

聽從內心，清楚自己想要什麼

真正活得精彩的女人，都有一個共同點，就是清楚地知道自己想要的是什麼。當妳清楚自己的方向，才不會輕易迷失在外界的聲音中，才有勇氣活出屬於自己的精彩。

著名的美國脫口秀主持人歐普拉（Oprah Gail Winfrey），年輕時就立志要在媒體界發光發熱。然而，當時電視圈對她的外貌和風格並不看好。她並未因此放棄，始終堅持自己的信念，忠於內心的渴望，最終創造了媒體界史無前例的成就。這一切都來自她清楚自己內心的需求，不在意外界的評價，堅持做最真實的自己。

不被世俗的價值觀所束縛，才能真正自由地追尋人生的意義，展現屬於自己的獨特光芒。女人的勇敢不在於征服多少困難，而在於是否敢為自己的人生負責，追隨內心的渴望，不顧外界的議論。只有知道自己要什麼，才能找到屬於自己的幸福，才能擁有真正令人欽佩的人生。

第二章　重拾完整的自我

忠於自己，才是人生最好的選擇

　　每個女人都有權利為自己的夢想和理想而活，不因為別人的標準而放棄自己的內心。清楚自己想要什麼，並為之堅持，才能擁有真正的幸福和滿足。妳的人生屬於妳自己，千萬別因為害怕別人的評價，而放棄做真正的自己。

　　當妳能堅定地聽從自己內心的聲音，做妳認為值得的事，那麼妳的人生，必然能夠活出精彩，世界也會因妳而更美好。

忠於自己，無需討好每個人

　　女人的心理需求多，總希望得到認可和讚美，但若過於在乎別人的眼光，就容易失去自己，陷入茫然和困惑之中。有些女人在乎旁人的看法，過度追求他人的認同，最後卻發現討好所有人是不可能的任務，只會讓自己疲憊不堪。

　　詩婷是一名年輕的設計師，工作十分出色，她也因此感到驕傲。然而，有一次她設計了一套非常前衛的服裝系列，卻引來公司老闆的批評，覺得她的設計「太過張揚，市場不會接受」。詩婷為了得到老闆的認同，改了又改，最終這些作品失去了原本的創意與靈魂，變得平庸無奇，也失去了自己原有的個人特色。最後，市場反應冷淡，公司業績也受了影響。回頭想來，她才驚覺，過於在意別人的評價，只會模糊自己的想法，喪失原有的個性。

　　每個人都有自己的判斷標準，妳不可能滿足所有人的期待，更不必如此。試圖滿足每個人，只會讓自己越來越迷失自我。知名歌手蔡依林剛出道時，受到許多負面的評價，認為她只是靠包裝與噱頭。但她並未因此妥協，反而堅持自己的音樂風格

第二章　重拾完整的自我

與表演形式,最終證明自己的實力,成為華語歌壇不可忽視的天后。

每個人對於成功的定義都不一樣,追求自己內心真正想要的,比迎合別人的期望更重要。只有妳自己最清楚自己真正的需求與方向,當妳忠於自己的內心,才能創造屬於自己的獨特人生。

真正的聰明,是活出自己的樣子

女人若想活得自在,就必須懂得不用別人的標準來衡量自己,不要對他人的評價過於敏感。因為當妳為取悅別人而活,就很容易忘記自己最初的樣子。做真正的自己,妳才有機會創造自己想要的人生。

女人不需要為了別人的讚許而妥協,更不必為了迎合別人的眼光而失去自我。忠於自己,堅持自己的價值觀,妳才能真正掌控自己的人生,活出屬於妳的精彩。

別讓情緒支配妳的人生

女人的情緒豐富，這原本是優點，讓妳的人生更具層次、更富情感。然而，若總被情緒牽著鼻子走，無法自我控制，便容易傷己傷人，影響生活與人際關係。

雅茹是一個外表漂亮、能力出色的女生，但卻因情緒不穩定而頻繁換工作。每次工作不順心，她就無法控制自己的怒氣，與主管吵架，憤而辭職。後來，她發現問題並非工作環境，而是自己的情緒太過激烈，以致於常做出錯誤的決定。當她意識到這點，開始學習情緒管理，生活才逐漸回到正軌。

情緒就像海浪，來了就會退去，但若妳在浪頭上任意起伏，很容易迷失方向。真正聰明的女人，會學習做自己情緒的主人，而非被情緒奴役。

找到適合自己的調節方法

每個人的情緒調節方式都不同，有人適合與朋友聊天，有人則需要獨處一陣子。當情緒浪潮來襲時，女人首先應學會轉移注意力，避免情緒繼續惡化。妳可以暫時遠離現場，散散

第二章　重拾完整的自我

步、聽聽音樂，或者專注於其他自己喜歡的事情，讓自己冷靜下來後再做決定。

此外，學會適度表達情緒也很重要。女人不應一味地壓抑自己，否則積累到一定程度將爆發得更加猛烈。適時、適當地說出心中的感受，或透過寫日記、與朋友傾訴等方式抒發，才是最健康的宣洩方式。

女人若想生活幸福、美滿，就必須掌握自我情緒的控制權。不論外在環境如何變化，妳都能理性面對，用穩定的情緒處理問題，這樣才能讓生活有序、和諧。當妳學會與情緒和平共處，妳就能真正主宰自己的命運，創造出自己想要的人生。

健康管理是女人最重要的投資

　　健康就像儲蓄帳戶，越早投資，未來的收益就越豐厚。然而，許多女人經常忽略健康管理，直到身體發出警訊才驚覺後悔。女人若能從日常生活中培養良好的生活習慣，就能在未來贏得更多健康與幸福的籌碼。

　　以小雯為例，她原本事業成功，卻忽略了自己的健康，飲食無度，作息不規律，最終導致健康出現問題，職場也受影響。經過一番調整，她開始重視規律運動、健康飲食，不僅身體逐漸康復，工作效率也顯著提升，更找回久違的生活熱情。女人要懂得為自己的健康把關，良好的生活習慣、規律運動、合理飲食，都是投資未來的重要資產。

重視心理健康

　　現代女人的壓力越來越大，除了生理健康之外，更應注重心理健康。焦慮、憂鬱、情緒緊張，都可能對身體造成傷害。現實中，很多女性因長期忽略心理健康，導致身體問題加重。

第二章　重拾完整的自我

女人要學會紓解壓力,保持心理平衡,透過運動、興趣愛好或與好友傾訴,都有助於情緒的穩定與健康。

女人的健康,是由身體和心靈共同支撐的建築,只有兼顧兩者,才能真正擁有美麗人生。從現在開始,為自己的健康多花點心思,才能在未來的人生路上,走得更遠、更好。

不是所有祕密都適合分享

　　每個人心中多多少少都有一些不能與人輕易分享的祕密，有些是過往的創傷，有些是難以啟齒的經歷，也可能只是某種對未來的猶豫與恐懼。對許多女人來說，這些祕密像是壓在心上的石頭，沉甸甸的，總讓人想找個能信賴的朋友傾訴，以釋放那份悶在心頭的壓力。當我們遇到難以承受的情緒時，傾訴無疑是一種舒緩的方法，尤其是在一段看似親密穩固的友情中，訴說祕密甚至成了維繫情感的一種方式。

　　然而，說出去的話就像潑出去的水，妳無法保證對方是否真的會守口如瓶，也不能預料她會不會在某個時刻，無意或有意地，把那些只屬於妳的祕密當成八卦說給第三人聽。有時即便對方沒有惡意，但她可能也會想尋求理解或發洩情緒，便將妳的故事當作交換情感的籌碼，而妳的私事，就這樣在不同的耳朵間悄悄流轉，最終傳回妳的耳裡時，已經變了樣。這樣的經歷，相信許多女人都有過，那種信任被背叛的失落感，往往比祕密本身還令人難受。

第二章　重拾完整的自我

　　事實上，保有一點不為人知的空間，是一種成熟的表現。並非所有人都能理解妳的故事，也不是每段友情都承受得起深刻的信任。有些祕密適合沉澱在心裡，也許可以寫進日記，畫進畫布，甚至只是對著自己的影子低語，無須非得找個人分擔。若真有難以承受的心理負擔，也可以尋求專業的心理諮商，與其將沉重的情緒壓在朋友身上，不如讓專業的對象協助自己梳理與釋放，那會是更安全且溫柔的方式。

　　能守住自己祕密的女人，其實更懂得如何保護自己。她知道什麼話該說、什麼該沉默，也知道每一段關係中都需要適度保留一些空間。即便是再親密的關係，保有一點祕密感，也是一種尊重。因為當一個人把所有情緒、過往與脆弱一股腦交出去，也等於讓自己處於毫無防備的狀態。

保守祕密是成熟女人的智慧

　　對女人來說，懂得守住祕密，是一種智慧，更是一種自我價值的體現。當妳學會沉穩地面對自己的故事，懂得選擇傾訴的方式與時機，也許妳會發現，那些曾經讓妳無比焦慮的過往，終究能被妳安放得恰如其分。不再急於訴說，也不再急於尋求認可，而是靜靜地與自己和解，在心裡為那段記憶找一個不打擾的角落。

學會保守祕密，不只是保護自己，更是一種成熟的象徵。那不代表冷漠或拒絕親近，而是知道什麼該說、什麼該藏，懂得在人際關係中進退有度，保持自己的神祕與尊嚴。畢竟，不輕易被看透的女人，往往最讓人尊敬與欣賞。

第二章 重拾完整的自我

第三章

掌舵自己的人生航向

　　女人似乎比男人更容易沉迷於星座、血型等命運的解讀，彷彿相信人生早已在冥冥之中安排妥當。既然注定如此，便乾脆順從命運的指引。為了確定自己是否能擁有幸福的未來，許多女人四處求神問卜、抽塔羅牌、翻星座運勢，甚至渴望一面魔鏡，能直接映出她們的未來圖像。然而，這世上真有魔鏡存在嗎？從來沒有人能給出明確的答案。

　　唯一能夠回應我們的，是那句穿越時空的迴響：女人啊，真正能決定妳人生走向的，是妳自己。命運，其實一直掌握在妳手中。

第三章　掌舵自己的人生航向

當自己人生的導演

　　命運從來不是安排好的劇本，而是一場妳能親自編排的舞臺劇。真正能改變人生的，不是幸運的光臨，而是妳的勇氣與選擇。

　　李宛青出生在山區一個貧困的家庭，父母是務農的，家裡還有三個弟妹需要照顧。因為家境不好，她從小就明白，想要有不同的人生，必須靠自己去爭取。

　　她的外貌平凡，個性也不擅交際，讀書成績普通，但她有一項過人之處 —— 她做的一手好菜。從國中開始，她每天清晨幫家裡做早餐、做便當，一雙手練出了不輸專業廚師的技術。

　　高職畢業後，她放棄了升學，選擇到一間小餐館當學徒，從最底層洗碗開始做起。她省吃儉用，用兩年時間存下一筆資金，在28歲那年，她在市場旁租了一間小店面，開了自己的便當店。

　　起初，客人寥寥無幾，但她堅持每天親自去挑菜，改良菜色，加入家鄉的醃菜與手炒辣醬，慢慢累積了一批忠實顧客。

五年後,她的店已成為當地上班族最愛的平價美食,甚至吸引媒體報導她「從市場打拚出來的便當女王」的故事。

她沒有高學歷、沒有漂亮的外貌,也沒有任何貴人指引,但她用努力證明了命運可以被翻轉。李宛青曾說:「我這輩子沒等過命運幫我,我只相信自己的雙手。」

命運掌握在願意走出去的人

若把命運比喻成一場賽跑,有些人天生起點就在前頭,而有些人,則得從起跑線之外開始。但起點不決定終點,真正重要的是誰有勇氣持續奔跑。

不是每一個人都擁有幸運的起點,但每一個人都可以決定自己是否走出第一步。妳不必等待命運的垂憐,也不必期盼奇蹟降臨。唯有親自踏上這條路,妳才會發現 —— 原來真正能掌握人生的,是妳不放棄的意志,是妳一次次選擇前行的決心。

妳不需要成為誰的影子,也無需活在誰的期待之中。只要妳願意開始,願意為自己努力,命運就會因妳的行動而轉向。成功從來不是恩賜,而是一種堅持走到底的選擇。

第三章　掌舵自己的人生航向

發掘內在的無限可能

每個人內心都潛藏著無窮的潛能，宛如一座尚未噴發的火山，只是大多數人終其一生，僅使用了極小的一部分能力。真正的突破來自於勇於挑戰自我，挖掘深埋於內心的力量，才能比現在做得更好、更強。

麗芳自小就夢想成為舞者，但她的體型較為豐腴，不符合大眾對舞者的刻板印象。她的母親更是直言：「跳舞不是妳該走的路。」然而，她不願放棄，每天對著鏡子苦練基本功，默默精進技藝。高中時，她憑藉堅持與努力，獲得舞蹈比賽的特別獎。然而，當她決定報考舞蹈學院時，卻被老師勸退，理由是：「妳的體型會影響未來的發展。」這句話讓她陷入低潮，她開始懷疑，自己是否該放棄這條路？

就在這時，她偶然看到了一名國際知名舞者的專訪，這名舞者與她有著相似的體型，卻用驚人的舞蹈技藝征服了世界舞臺。麗芳深受啟發，她決定不再被傳統標準束縛，而是創造屬於自己的風格。她將傳統舞蹈與現代舞結合，透過肢體的獨

特詮釋，展現別具一格的魅力。最終，她獲得了舞蹈學院的錄取，並在畢業後成立自己的舞團，專門為不同體型、不同背景的人提供舞蹈訓練，讓更多人看到：「舞蹈的美，不是來自外型，而是來自靈魂。」

許多看似不可能的挑戰，只要勇於突破，就能激發自身潛能。許多人總是認為自己「做不到」，但事實上，那些被視為限制的東西，往往只是心理障礙。

每一次困境，都是潛能的出口

有時，我們的潛能需要外在刺激才能被激發。心理學研究指出，人類在極端情況下，往往能發揮出驚人的力量，例如面對危險時產生的爆發力，或是在壓力下發揮出的創造力。當我們認為自己已經到達極限時，往往還有更大的潛能尚未被開發。

如果一個人能夠意識到自己的潛在能力，並且勇敢地去挑戰，它將成為改變人生的關鍵力量。成功的人並非天生就比別人優秀，而是因為他們願意不斷突破自我，讓潛能得到真正的發揮。作為女人，我們不應該因為社會的框架而限制自己的可能性，而是應該積極發掘自身的潛能，為自己創造更多的機會與價值。

無論是在職場、藝術、運動，甚至日常生活中，每個人都

第三章　掌舵自己的人生航向

有無限的可能。只要願意相信自己，勇敢嘗試，不讓恐懼與懷疑成為絆腳石，就能一步步挖掘出自己的潛能，迎向更寬廣的未來。

識別自身的特長

每個人都有自己擅長與不擅長的領域，無論成功或失敗，都取決於是否能夠發揮自身優勢並避免劣勢。駿馬能夠奔馳千里，卻無法耕田，輪船可以載貨遠行，卻無法翻山越嶺。唯有清楚掌握自己的長處與短處，才能在競爭中脫穎而出。

蘇珊自小就對藝術有濃厚的興趣，特別擅長繪畫，但她的家人卻希望她成為一名醫生，認為這才是穩定且有前途的職業。為了滿足父母的期望，她努力學習科學和數學，但無論多麼努力，成績始終不理想。與此同時，她的藝術作品卻經常獲獎，甚至還有畫廊願意展示她的畫作。然而，家人的期待讓她無法做出選擇。

在大學時，她仍然選擇了醫學，但內心總感到壓抑，直到一次心理學課程讓她重新思考未來。教授問道：「如果沒有任何外在壓力，妳最想做的事是什麼？」這個問題讓蘇珊開始正視自己的內心，她意識到自己最喜愛的仍然是藝術。於是，她決定轉換跑道，專注於藝術創作。雖然家人一開始反對，但當

第三章　掌舵自己的人生航向

她憑藉自己的努力在藝術界嶄露頭角，甚至成為知名插畫家後，家人也終於接受並為她感到驕傲。

如何挖掘自身優勢

選擇符合自己天賦與熱情的道路，才能真正發揮潛能，獲得成就感與幸福感。想要掌握自身的優勢，首先需要深入了解自己的特長與興趣。有些人透過他人的評價來評斷自己，可以詢問朋友、家人或導師對自己的觀察；有些人則透過回顧過去的經驗來發現自己在哪些領域表現優異，例如回憶哪些事情讓自己感到自信與快樂。還可以透過測試，例如性格分析或職業適性測驗，來更具體地了解自己的強項與發展方向。

此外，嘗試與挑戰也能幫助發掘潛能。有些人可能誤以為自己不擅長某件事，但實際上只是沒有機會去嘗試。透過實際參與不同的活動，例如公開演講、寫作、運動或管理工作，才能更全面地發掘自己的能力。

最重要的是，要懂得揚長避短，把時間與精力投入到自己最擅長的領域，這樣才能發揮最大的價值。同時，也不要因為自己的短處而妄自菲薄，每個人都有不足之處，但真正決定成就的，是如何運用自己的優勢，打造獨特的價值。

識別自身的特長

　　無論在哪個領域，真正的成功來自於對自身優勢的深刻理解與充分發揮。當一個人能夠認清自己適合做什麼，並勇敢追求自己的道路，才有可能在這個競爭激烈的社會中找到屬於自己的位置，發揮最大潛能，實現理想的人生。

第三章　掌舵自己的人生航向

事業與性格契合時，女人最有光彩

　　女人若能找到一份適合自己的工作，不僅能發揮所長，也能在人生舞臺上閃耀獨特光芒。真正與性格契合的事業，能點燃內心的熱情與動力，使女人活得充實、有自信，並且有能力走過生命的起伏。

　　蘇芷是一位沉穩內向的女生，大學主修行銷，畢業後在親友鼓勵下進入一家大型企業擔任業務代表。儘管她努力試圖融入，但面對每日與人打交道、必須主動推銷的工作性質，讓她備感壓力。幾次銷售成績不如預期，更讓她陷入自我懷疑。

　　她試圖說服自己適應，甚至轉行從事房仲與保險工作，但內心的不安與疲累始終無法消除。一次偶然的機會，蘇芷參加一場由出版社舉辦的寫作比賽，並以溫柔細膩的筆觸獲得優選。那次經驗讓她重新了解自己：她不擅於與人推銷產品，但擅長用文字表達情感與觀點。

　　於是她決定轉向文字相關的職場，從兼職編輯做起。雖然收入不如業務穩定，但她找回了工作的熱情，也逐漸建立起專

業自信。幾年後，她成為一名自由文字工作者，專寫女性生活與自我成長的專欄，擁有穩定讀者群。

懂得轉彎，才有可能發光

另一位名叫李晞的女生，從小便夢想成為小說家。她在文學系求學期間創作不輟，大學畢業後便一頭栽進寫作人生，投書各大報刊與出版社。然而數年下來，稿件多未被採用，經濟壓力漸增，她的熱情也逐漸熄滅。

在朋友建議下，她試著將寫作技巧應用在商業文案與廣告創意上。一開始她還心有不甘，認為這樣會遠離文學夢想，但在實際工作後，她發現這份職業不僅讓她維持寫作熱情，還能觀察社會脈動、激發創意。最終，她憑藉文字敏銳度與市場感知，成為知名品牌的內容總監。她並未放棄文學，而是透過另一種形式，讓文字發光。

李晞的轉變告訴我們，放棄並不代表失敗，而是另一種形式的成熟與選擇。適合自己的職業，未必是起初心中最理想的選項，而是在不斷嘗試與調整之中被發現與確認的。

第三章　掌舵自己的人生航向

選擇適合的,而非別人眼中「穩定」的

現代社會中,許多人認為女性應該選擇「穩定」的工作,例如公職、教師或銀行員,但這種選擇未必適合每一個人。重要的不是職業本身,而是這份工作是否與個性與志趣相容。

若一名熱愛戶外、充滿想法的女性,被安置在一個日復一日無創意變化的工作裡,終將感到窒息;反之,若一名喜歡有規律、偏好細節的女性,進入競爭激烈、節奏飛快的創業環境,也可能無所適從。

女人要有選擇自己職業的勇氣,也要有轉換跑道的彈性。不論是哪一種道路,只要是自己經過思考後的選擇,就值得尊重。職場是一場長跑,不是誰跑得快,而是誰跑得遠。

當事業與性格契合,女人會散發出最自然且穩定的魅力,那份光芒來自她內心的篤定與平衡,而這份自信將成為她一生最動人的資產。選擇最適合自己的,不僅是智慧的表現,更是成就自我價值的開始。

只專注於一個方向

人生最大的難題之一，就是「選擇」。選擇太多，看似自由，實則容易分心、迷失方向。尤其在這個物質充裕、資訊爆炸的時代，我們的生活被琳瑯滿目的選項包圍，從一日三餐、衣著品味，到感情、職涯，每一個選擇都可能牽動未來。然而，唯有聚焦，人生才能走得更穩更遠。

林洧是一位才華出眾的大學畢業生，具有快速學習的能力與良好的應變技巧。兩年內，她經歷了六份不同的工作：設計助理、行銷企劃、媒體編輯、業務代表、創業合夥人、教育訓練員。每一次轉職的理由都很合理：環境不適、工作壓力大、沒有興趣、同事氣場不合……

但問題也隨之而來。她的履歷變得凌亂，技能雖多卻無一精通，每一次剛建立的信任關係與基礎都被重啟。她開始懷疑自己是不是哪裡做錯了。直到一次求職面試，她被資深主管問道：「妳這麼多經歷，有沒有哪一份工作是真心投入過的？」她才恍然意識到自己從未真正「坐穩」過任何一把椅子。

第三章　掌舵自己的人生航向

放棄是一種智慧，堅定是一種力量

人無法同時踏進兩條路。當選擇過多，我們常因患得患失而裹足不前。真正的聰明在於放棄那些表面吸引人卻與內心無關的可能性。魚與熊掌不可兼得，人生從來不是樣樣兼顧，而是懂得犧牲與取捨。

許多人一生中不停嘗試、努力，卻始終難以取得成果，不是因為不夠聰明或不夠努力，而是缺乏清晰目標與堅持到底的意志力。若將心思分散於太多方向，就如一艘沒有方向的船，只會在海面上漂泊，而無法抵達任何一個目的地。

與其貪圖短暫的刺激，不如在最契合自己本質的領域裡持續深耕。因為唯有長時間的累積與深度的打磨，才能創造出真正屬於自己的價值與成就。

人生的舞臺很大，選擇也很多，但最終，妳只能坐上一把椅子。請認真選好一張適合自己的椅子，然後坐穩、坐久、坐出精彩。這樣的女人，最有魅力，也最能走得長遠。

懂得放棄，人生才會輕盈

在漫長的人生旅途中，選擇與放棄，是每個人遲早都必須面對的課題。尤其對於女人而言，能否明智地選擇、果斷地放棄，往往決定了她們是否能真正活出幸福。並不是每一條路都要走，也不是每一個人都要留。懂得取捨，是一種智慧，更是一種成熟。

在山區的某座古宅裡，曾有一段故事流傳多年。一位年輕女子，為了尋求內心的平靜，獨自登山拜訪一位年高八旬的禪師。她走了許久，雙腳磨破，臉龐晒得黝黑，肩頭扛著一個沉重的背包。抵達時，她累得幾乎說不出話。

禪師問她：「這麼長的路妳是怎麼撐過來的？」

女子疲憊地說：「我一直在想，只要見到您，或許我就能找到快樂與解脫。」

禪師看了看她沉甸甸的背包，淡淡一笑說：「妳願意讓我看看妳背了什麼嗎？」

她小心翼翼地打開包袱，裡面裝的全是日記、照片、舊物

第三章　掌舵自己的人生航向

與信件，全是她生命中經歷的痛苦與記憶。禪師指著這些物品說：「這些東西，曾幫妳渡過困難。但如今妳已來到這裡，為何不放下它們呢？船渡人過河，卻不能背著船趕路。該放下的，若不放下，就會變成累贅。」

女子愣了一下，眼中泛出淚光。她終於明白，正是因為不願放下過去的傷痛，才讓自己始終沉重難行。她當下決定把這些象徵痛苦的回憶，留在山上，輕裝下山。

放棄錯的人才會遇見對的人

一位名叫米婭的上班族，曾經有一段讓她悔不當初的選擇。她從大學時期就立志要嫁給一個條件優渥的男人，認為只有這樣，人生才算成功。工作幾年後，她真的遇到了一個性格契合、價值觀相似的男生，兩人戀愛得如膠似漆，但唯一的「缺點」是男生家境普通，月薪也只是中上。

當她冷靜下來衡量未來時，還是選擇了結束這段感情，轉身投入一段充滿金錢與物質的戀情。對方是她的理想型：開著特斯拉、住信義區，卻也忙得一天只能講三句話，連吃飯都得預約。

起初她覺得這就是理想生活，但沒過多久，她便開始懷念那位曾陪她夜市散步、在雨中遞給她熱豆漿的舊愛。她才終於

理解，有些東西無法用金錢填補，像是一雙溫暖的手、一句體貼的問候、一個能聽懂妳沉默的人。

米婭最後選擇結束這段看似風光的戀情。她不再以條件為主導，而是選擇以心為主。那一刻，她終於學會了什麼是「放棄不屬於自己的，也是一種獲得」。

放棄，是成長最美的一課

人之所以痛苦，多半不是因為擁有太少，而是放不下太多。那份放不下的執念、放不下的比較、放不下的「應該」，讓我們背上了不屬於自己的重擔。正如哲人所說：「該放的時候要放，該走的時候就走。人生是一場修行，不是所有的東西都值得收藏。」

女人真正的優雅與從容，來自她知道什麼是適合自己的，不貪戀、不強求、不迷失。當妳學會了選擇，也學會了放棄，妳會發現生活變得輕盈起來。愛情如此，事業亦然。

人生不必什麼都擁有，只要擁有對的，就足夠了。記住，有些東西，不放棄才是真的失去；而有些放棄，恰恰是另一種成全。把生命中不必要的負重放下，妳會看見更多陽光的可能。

第三章　掌舵自己的人生航向

積極遇上豁達，女人更有力量

在一間廣告公司工作的葉亭，向來是個認真負責的設計師。她才華洋溢，對每個案子都投入百分之百的熱情，因此在公司很快嶄露頭角，成為主管器重的人選。那段時間，她信心滿滿，覺得只要肯拚，就沒有克服不了的難題。

但命運並不總是順風順水。某次重要提案，她錯過了與客戶溝通的關鍵，導致公司損失了一筆大合約。更令她心灰意冷的是，一位曾經帶她入行的資深同事，悄悄接手了她原本的長期客戶。

從那之後，葉亭開始懷疑自己的能力，不再主動參與團隊討論，也不敢提出自己的想法。她的企圖心一點一滴被磨掉，甚至考慮乾脆離職，回家當個平凡太太。

幸好，她的學姐莉真適時提醒她：「失敗不代表否定妳整個人。真正的能力，不是從來不犯錯，而是出錯後還能再站起來。」這句話像是一把鑰匙，打開了她原本緊鎖的心。

葉亭重新振作，不再執著於一次錯誤，而是聚焦在自己可

以改進的地方。她開始主動檢討流程、補足過去忽略的細節，甚至主動向那位資深同事請益，而對方也給了她不少回饋。幾個月後，她再次獲得大型客戶的信任，贏回了她的自信，也贏回了同事的尊重。

在追求成就的路上，「積極」是一股推進力，而「豁達」則是一種穩定器。沒有積極的企圖心，女人無法突破現狀；但若缺乏豁達的胸懷，反而容易被成敗困住，最後懷疑人生。

女人最動人的力量，來自於內心的平衡

積極的人往往能在職場上衝刺，在夢想的道路上不懈努力；豁達的人則懂得不與自己較勁，不在小挫折前崩潰。

若一味追求結果，生活只會陷入焦慮的輪迴。但若能明白「努力是過程，成敗是過眼」，那麼無論成就高低，都能從容以對。

積極讓女人的腳步不停歇，豁達則讓她的笑容不輕易被奪走。兩者並存，才是現代女性最該學會的處世之道。當女人學會在進取中保有一顆放得下的心，就算遭遇風浪，也能轉身擁抱更燦爛的晴空。

第三章　掌舵自己的人生航向

拒絕，是自我價值的起點

真正成熟的女人，不是凡事討好，而是懂得何時該堅定地說「不」。妳不必對所有的請求點頭，不必對所有的邀約報以微笑。拒絕，並不是冷漠，也不是自私，而是讓妳自己成為人生的主角。

林芷如是一位職場中的中階主管，工作能力強，待人溫和，是公司裡出了名的「好好小姐」。同事不管是臨時請她代班、要她幫忙整理報表、甚至請她幫忙準備部門聚會，她幾乎來者不拒。起初，大家都覺得她很好相處，但久而久之，這些請求變本加厲，甚至影響到她本來的工作效率。

有一次，她因為忙著替別人準備活動，延誤了自己主管的報告，被上司嚴厲責備。那一刻，她才真正意識到：再這樣下去，自己的人生就不再屬於自己。

後來，芷如開始學會拒絕。她會微笑但堅定地說：「這週工作比較滿，沒辦法幫忙喔。」她不再默默承擔所有人期待中的「體貼」角色，而是開始為自己設下健康的界線。慢慢地，同事對她更尊重，主管也重新看見她的價值。

拒絕，是守住底線的勇氣

有一位名叫艾莉的獨立音樂創作者，年輕時曾經獲得唱片公司合約，但對方要求她放棄原創風格，改唱流行市場的熱門歌曲。那是一張可以讓她一夕成名的門票，但艾莉拒絕了。她說：「如果一開始就為了迎合市場而犧牲自己，那我的音樂還剩下什麼？」

那幾年，她靠著兼職教學、在小酒館駐唱維持生活，過得並不輕鬆。但正因為她堅持自己的創作風格，最終吸引了一群忠實粉絲。幾年後，她自己製作的專輯在網路爆紅，成為獨立音樂圈的代表人物。

很多人說她幸運，但只有她知道，那份成就來自於當年那一聲清晰而堅決的「不」。

柔和而堅定，是女人最美的拒絕姿態

我們常常不敢拒絕，是怕破壞關係，怕被人討厭。可是一味迎合，反而讓自己過得委屈而疲憊。懂得拒絕的女人，並不會冷漠待人，而是知道如何選擇更適合的方式。

拒絕一場不合時宜的邀約，可以說：「真的很想參加，但這段時間比較忙，下次再約好嗎？」拒絕一份超出能力範圍的請求，可以回應：「我可能幫不上忙，但我可以建議妳找

第三章　掌舵自己的人生航向

誰試試看。」

　　溫柔是妳的氣質，清晰是妳的力量，兩者並行，才是真正成熟的智慧。

　　當妳勇敢地說出「不」，妳就已經開始尊重自己的時間、情緒與價值。妳不再只是別人的角色，而是妳自己的編劇、導演與演員。

　　真正的自由，從來不是沒有人要求妳，而是妳有勇氣面對這個世界的眼光，依然為自己做出選擇。女人的堅強，不在於什麼都能忍受，而在於懂得什麼該堅持、什麼該放手。

　　記住，妳不必為所有人買單，不必為所有期待低頭。妳的勇敢，不在於一直說「好」，而是能夠在關鍵的時刻，坦然地說一聲：「不，謝謝。」

保有熱情，是對自己最深的溫柔

許多女人在婚後不知不覺把人生的重心完全轉向家庭與孩子，漸漸忘了曾經熱愛的事物、忘了自己曾經也是個對世界充滿熱情與幻想的人。每天的生活變成柴米油鹽的重複，精神逐漸枯竭，自我感也慢慢模糊。但一個女人若能在生活裡保有一份對愛好的堅持，不只會讓自己更快樂，也會讓整個家庭更有溫度。

蔣羽是一位三十多歲的上班族媽媽，工作忙碌，家中還有兩個年幼的孩子，日常瑣事已經夠她忙得團團轉。但不管多累，她每週都會抽出時間練習鋼琴，這是她從小學到大的興趣。

很多人問她：「這麼忙了，妳還有心思彈琴？」她笑說：「越是忙碌，越需要一件只屬於自己的事。」

彈琴的時候，她彷彿能暫時抽離角色，回到單純的自己。在這段獨處時光中，她得以重新充電，心靈變得穩定，也更有餘裕面對家庭與工作帶來的壓力。

第三章　掌舵自己的人生航向

　　有次她參加孩子學校的才藝日,彈了一段古典樂曲,意外讓孩子感到驕傲。孩子對同學說:「那是我媽媽,很厲害吧!」蔣羽說,那一刻她才明白,自己一直以來堅持的,不只是愛好,而是作為一個母親、一個女人對自我價值的守護。

　　有些人會覺得,愛好只是年輕人的奢侈品。其實不然,真正懂得生活的女人,不會把自己禁錮在「為了別人而活」的牢籠裡。

人生不止家庭與工作

　　洪潔是一位插畫家,育有一子,孩子還小時,她白天上班,晚上哄睡孩子後,常常畫畫到深夜。不是為了賺錢,也不是為了展覽,只是單純地享受畫筆下的自由。

　　這樣的她,總是比同齡人更有朝氣,即使在家庭與工作之間奔波,依然神采奕奕。她的老公曾說:「我最愛她的一點,是她永遠都有一件自己喜歡的事在做,從不把自己綁死。」

　　愛好像是人生裡的小燈泡,在黑暗的角落也能照亮自己。在我們最焦慮、最迷惘的時候,一點點熱愛,就足以拉我們一把。

愛好，是女人最自然的發光體

很多人說：「等孩子長大、等退休再做自己想做的事。」但真正聰明的女人不會等。因為她們知道，人生沒有絕對空閒的時候，而心裡的火苗若不小心守著，是會熄滅的。

擁有愛好的女人，不會在伴侶不愛自己時失去依靠，也不會在孩子長大後感到空虛。因為她們的世界從來都不只有別人，還有一整座自己的花園。

她們會在廚房煮完飯後翻開日語教材，會在清晨跑步時練習口琴，會在孩子睡著時一針一線繡起布包，會在陽臺養花、畫畫、寫詩⋯⋯那些熱愛一點一滴累積起來的自信，最後都會變成讓她們閃閃發光的資本。

所以，請妳記得，不管妳是誰，也不論妳身在哪一個人生階段，都不要輕易放棄妳曾經熱愛過的事。因為那是妳與世界連結的方式，是妳精神的出口，也是妳最純粹的自由。

人生不止是角色的扮演，更是靈魂的自我照顧。將自己的愛好堅持到底，妳會發現，那些讓妳快樂的小事，才是讓妳活得閃耀的真正來源。

第三章　掌舵自己的人生航向

內在的力量，來自持續成長

外貌或許可以為女人的起點帶來一些優勢，但真正能讓妳走得長遠、活得精彩的，是妳內在的厚度與成長的速度。所謂「居安思危」，正是提醒我們：人生不該只滿足於眼前的穩定，更該有未雨綢繆、隨時充電的意識。

林安的長相不出眾，能力也並非出類拔萃。但她從大學起就明白，與其靠運氣，不如靠自己。剛進入職場時，她在一家物流公司擔任行政助理，許多文件處理得手忙腳亂，主管交辦的事項也常出錯。

她沒有抱怨、沒有放棄，而是默默利用下班後的時間進修商用英文、會計知識，甚至學習資料分析工具。她報名參加夜間課程、線上工作坊，也經常在週末到圖書館複習。兩年後，她考到了多張專業證照，也熟練掌握了業務流程，成了部門不可或缺的骨幹，甚至被公司提拔為新人訓練講師。

她曾說：「我只是比別人多學了一點、多堅持了一點而已。」

她的「一點」，卻為她的人生鋪出了一條穩定且持續向上的路。

女人的光芒,藏在她不被看見的努力裡

持續學習與精進,並不意味著要和別人競爭,而是為了讓自己不被這個快速變動的世界甩在後頭。當妳擁有隨時充電的習慣,妳不再只是被選擇的人,而能成為選擇者。

很多時候,妳以為的「幸運」,其實是長期累積的準備在某一天恰好遇上機會。

就像林安,不是因為外型出眾或天生聰慧才步步高升,而是因為她明白,穩定不代表可以停下腳步,反而該在安穩中緊握機會、儲備能量,才能走得更穩、更遠。

當妳努力讓自己進步,世界就會慢慢向妳靠攏。妳會發現,越努力,越幸運;越精進,越自由。

真正的魅力,是願意不斷升級的自己。生活從不虧待用心的人,學習是女人最好的保養品,也是面對世界的資本。它不只改變妳的能力,更會悄悄地改變妳的氣質與格局。

當別人還在原地等待機會,妳已悄悄準備好下一場旅程。願妳無論在什麼階段,都不忘提醒自己:妳值得更好的生活,而這一切,從不斷充實自己的今天開始。

第三章　掌舵自己的人生航向

為未來存糧，是女人的睿智選擇

劉敏過去是個典型的「月光族」，每月將大半收入花在服飾與保養品上，日子過得光鮮亮麗，卻一點積蓄也沒有。朋友笑她愛買名牌，她總說：「人生苦短，及時行樂。」但當朋友一一步入婚姻、談起房貸與育兒基金時，她才開始有些不安：如果哪天失業了？如果父母生病了？如果自己突然想轉換人生方向，卻沒有經濟支撐，那該怎麼辦？

這些問號讓她開始學著記帳、節制消費，從每月硬逼自己存下幾千元開始。雖然一開始不容易，但她發現，原來不花錢的生活也可以有趣。她開始練習料理、學著在圖書館取代購物中心度過週末。存錢，讓她第一次覺得自己是為了自己而活。

當妳有準備，未來就不會讓妳驚慌

生活不會總是陽光燦爛。人們常說要「居安思危」，真正有遠見的女人，懂得在順境中準備好應對風浪的方式。未雨綢繆，不是杞人憂天，而是給自己一份掌握人生節奏的籌碼。

妳可以選擇一個專屬的存款帳戶，把每月收入中固定比例存起來。也可以從每日的零錢開始，習慣把錢留下來而不是立即花光。這不只是財務上的累積，更是一種自我管理與成就感的來源。

除了儲蓄，更該考慮保險與投資。不論是意外險、醫療險或是定期定額的基金，這些都不是為了致富，而是為了當人生需要支援時，妳不用驚慌失措地四處求助，而是可以優雅地解決。

掌握經濟自由，才有選擇的權利

有些人會說：「錢不是萬能。」但在現實中，沒有一點經濟自由的人，往往連「選擇」的權利都沒有。

當妳想離開一份不喜歡的工作，手裡若有一筆緊急預備金，妳才有勇氣轉身；當妳想投資自己學習、培養新技能，不用再向誰低聲下氣地借錢。

金錢不是目標，而是支撐妳做出更好決定的後盾。

學會理財、養成儲蓄的習慣，或許一開始不是那麼浪漫，但它所帶來的改變卻是扎實而深遠的。妳不需要依賴他人，也不必為突如其來的意外而徬徨。

生活從來不是線性的，它有高峰，也有低谷。如果妳在陽

第三章　掌舵自己的人生航向

光普照的日子裡，願意為冬天準備足夠的糧食，那麼等風雪來臨時，妳也能自信且從容。

　　做一個有能量、有能力面對人生風雨的女人，這份安全感，不來自別人，而來自妳自己一步步踏實的規劃與行動。

女人的魅力，並不來自年齡

許多女人對「變老」的焦慮，其實遠比對「死亡」的恐懼還深。30 歲過後，總有人悄悄把年齡藏起來，生怕說出口就會讓人覺得自己「不年輕了」。但事實上，真正讓一個女人魅力遞減的，不是年齡的增長，而是對年齡的恐慌和對成長的逃避。

比起一味追求年輕的外貌，不如思考：妳是否擁有一種隨著歲月累積的智慧與氣度？是否有一種讓人想靠近的溫柔與力量？

魅力，不是青春的專利

在螢幕上，張曼玉是一位從容走過不同年齡階段的女性範本。她的青春讓人驚豔，成熟卻更加動人。原因並不是因為她永遠年輕，而是因為她一直在成長。她用角色磨練演技，也用人生累積深度，這樣的女人，即便歲月在她臉上留下痕跡，也無法掩蓋她骨子裡的光芒。

真正的美，不是毫無皺紋的臉龐，而是一種無須證明自己的從容與穩定。歲月可以讓容貌轉淡，但也能讓智慧發光。

有些人將青春當作唯一的籌碼，年紀輕輕便用大量時間裝

第三章　掌舵自己的人生航向

扮、談戀愛、享受浪漫，卻忽略了心靈的修練與能力的培養。她們總以為只要年輕，人生就無往不利，但當年華老去時，才驚覺除了外貌，自己竟然一無所有。

相反地，有些女人雖不再年輕，卻因閱歷而生出從容之姿，因修養而散發迷人氣質。她們讀書、旅行、深思，她們知道自己要的是什麼，也明白自己值得什麼。這樣的女人，無需年輕也能動人。

人生的價值，在於內在的累積

與其每天在鏡子前對皺紋焦慮，不如去讀一本書，寫下一段心得，學習一門新技能。與其花費金錢在化妝品與保養品上，不如將時間投入於能豐厚自己生命的事物。

年齡無法掩蓋一個真正豐富的靈魂，也無法奪走一個女人努力經營人生後散發的光芒。人生沒有「青春不老」這回事，但妳可以選擇在每一個年齡，活得剛剛好。

妳的焦慮不是來自年齡，而是來自對自己的不確定。當妳開始充實自己、了解自己、修練自己，年齡便不再是一個讓人避之唯恐不及的標籤，而是妳氣質與智慧的年輪。

請記住，真正讓人佩服與喜愛的，不是外貌，而是一個女人在不同年齡裡，依然選擇活得閃閃發亮的樣子。

第四章

鍛造堅韌的內心力量

有些女性一方面扛著家庭與工作的雙重壓力，另一方面卻在心底迷失了人生的方向與存在的意義。久而久之，她們容易陷入一種茫然與無趣的狀態，不再追求什麼，也逐漸失去最基本的生活動力與熱情。

其實，每個人的內在渴望，往往遠比物質的需求來得深刻。一位女人若想擺脫那種身心俱疲、缺乏目標的日子，不只要照顧自己的外在生活，更該重視內心的聲音，讓心靈有機會成長與綻放。

唯有心靈成熟，才能養出深厚的修養、自然流露出迷人的氣質，讓女人變得更有智慧與溫柔；也唯有心靈茁壯，才能在精神充盈之餘，去關懷與支持他人。這樣的生命，才真正充實而有意義。

第四章　鍛造堅韌的內心力量

找回內在的聲音

　　李雪剛畢業時被派往偏遠森林當護林員，所在之地荒涼僻靜，方圓數十公里無人煙。起初她滿懷興奮，但隨著日子推移，她意識到，若不與自己說話，甚至會漸漸失去語言能力。她開始對著樹木、小鳥、溪水傾訴，漸漸地，心中那個沉默的自己開始回應。這份內在的對話變成了靈魂的交會與思想的流動。幾年後重返人群，她不僅語言流暢，更寫出多篇充滿哲思的散文，成為備受肯定的作家。相較之下，其他護林員卻早已失去與人對話的能力。

　　與心靈對話是一種力量，也是一種能力。它能讓我們在寂靜中看見自己，在風暴中保持平衡。這種內在溝通，能逐步洗練出一顆清明堅定的心，使我們不再依賴外界的掌聲與肯定。

　　一位女子若想活得充實穩定，就該學會獨處的智慧。無論是清晨漫步在公園，還是靜坐窗邊看著陽光灑落，這些都是與自我對話的契機。在這些片刻中，我們可以重新審視生活、回顧內心的渴望與困惑，培養面對現實的勇氣與堅持。

心靈的強大從傾聽開始

正向的內心對話,則是與自己成為朋友的方式。當心情低落時,不是一味批判或責備,而是像溫柔的夥伴一樣,鼓勵自己再多走一步、再多撐一下。透過這樣的引導,負面情緒自然會慢慢淡去,取而代之的是一股穩定向上的力量。

女人若能每天給自己一點時間與內在對話,不僅能培養安定的心,也能在世事紛亂中保持從容。唯有懂得與心靈對話,才能真正了解自己,也才能在人生路上走得更踏實、更自在。

心靈的桃花源,不在他人眼中,而藏於我們與自己的每一次傾聽與交談之中。能與自己對話的女人,終將在歲月中開出屬於自己的光芒。

第四章　鍛造堅韌的內心力量

懂得看見別人的好

　　林采芸在進入新創公司當行政助理的第一年,其實並不順遂。她對職場充滿期待,但現實卻讓她手足無措,連續出錯讓她幾度懷疑自己是否不適合這份工作。她最感激的是她的主管林怡如,不但沒有責備她,還願意一點一滴教她,甚至主動替她擋下來自其他部門的責難。

　　林采芸記得最清楚的是有一次因為表單遺漏,讓整個提案流程延誤。她心中滿是愧疚,甚至做好了被解僱的準備。林怡如卻輕聲對她說:「誰沒犯過錯?妳願意承擔,就比很多人都勇敢了。」

　　那一刻,林采芸開始重新整理自己的心態,不再把別人的好視為理所當然。她認真地記下怡如教她的每個流程,空閒時補足過去的盲點。半年後,她成為公司裡最被信任的行政人員,也被提拔為專案協調員。

　　後來她在一場分享會中提到:「我今天能站在這裡,全靠那些在我失敗時還願意扶我一把的人。我只希望有一天,

我也能成為那樣的人。」那份真誠的感謝，讓在場的人都深受感動。

讓感恩化為前行的力量

感恩不只是說聲「謝謝」，更是一種面對生活的姿態。

在一所偏鄉小學裡，有一位年輕女老師周妍，她用一臺老舊筆電教孩子們寫作文，也用手機播放世界各地的風景，讓孩子們看看他們未曾見過的地方。學生們天真地問：「老師，妳會一直留下來嗎？」她笑著說：「只要你們還想學，我就在。」

有人問她為什麼甘心待在資源不足的地方，她說：「當年我也曾被老師點亮過人生，我很感恩，所以想把這份光傳下去。」

感恩不會讓人軟弱，反而能讓人在最艱難的時候挺得住、走得遠。會感恩的女人，不是凡事討好，而是看得見別人的好，也看得清自己的路。她們不是無條件地付出，而是因為珍惜被幫助的那一刻，願意將這份力量延續出去。

感恩，是一種修養，也是一種讓自己變得更強的方式。真正有力量的女人，不一定是最漂亮的那個，但一定是最懂得心懷感激的人。因為她們知道，每一份恩情都會成為未來的資本。

第四章　鍛造堅韌的內心力量

當愛成為生命的光源

愛心是一種選擇，也是一種力量。它讓人心中有光，腳下有路，能照亮自己也溫暖他人。對女人而言，真正的魅力不僅來自容貌與談吐，更來自內在的溫柔與慈悲。擁有愛心的女人，活得更深刻，也更富足。

黃靖是一位上班族，平日過著規律而單調的生活。她並不特別活躍，也不擅於社交，一度認為人生只是工作與家庭的循環。直到有一年的冬天，黃靖下班途中在巷口看到一位滿臉皺紋的老婦人，正蹲著替一隻流浪狗包紮腿傷。那天雪下得很大，狗一直在發抖，老婦人卻不斷輕聲安撫牠。黃靖忍不住停下腳步，看著這一幕，她的心突然柔軟起來，腦海裡閃過一個念頭：自己也可以做些什麼。

從那天起，黃靖開始每週參加動物救援志工工作。她學會如何幫助受傷的貓狗，為牠們洗澡、送醫、協助送養。儘管一開始她感到生疏、手忙腳亂，但看到動物們一點一滴康復，黃靖的內心也像冬雪中綻放的花，悄悄開出了光亮。她不再孤單，不再感到生活空虛，取而代之的是前所未有的踏實與快樂。

後來,她還主動組織同事一起參加「送暖計畫」,每年寒冬前募集保暖衣物與食物,分送給街友與偏鄉長者。她說:「我原以為自己只是個小小的辦公室職員,但其實,只要願意付出,每個人都能成為他人生命的轉捩點。」

讓生命因愛而升溫

我們都在尋找生活的意義,有人從名利中找答案,有人從關係中尋慰藉,但最深刻的答案往往藏在那些無私的付出裡。愛,是一種不用語言的感動,一種來自靈魂深處的牽引。

江以恩是一位在都市打拚多年的創業者,30 歲出頭,事業成功,但心中卻常感空虛。有一次她陪著朋友參加一場偏鄉義診活動,本是湊熱鬧,卻因一個小女孩的笑容徹底改變了她的人生。

那天,小女孩因先天性心臟病而氣喘吁吁地坐在長椅上,卻還堅持把自己僅有的糖果分給每位醫療志工。那個笑容,不帶一絲悲苦,只帶著對生命最單純的感謝。江以恩從未看過這樣純淨的眼神。她紅了眼眶,也紅了心。從此,她不僅每月捐助義診基金,還親自參與,協助設計偏鄉衛教教材,甚至將她的公司部分盈餘捐出,成立「小光芒計畫」,幫助貧童就學與醫療。

第四章　鍛造堅韌的內心力量

　　愛讓一個城市女性的腳步不再只是為了賺錢或晉升，而是走向更多人的生命深處。她發現，最豐盛的回報，不是銀行存款，而是一句來自孩子的真誠道謝，一個老奶奶輕握的手。

　　真正有力量的女人，是願意去愛、願意去給予的女人。她們的溫柔不是軟弱，而是一種強大的心靈能量。她們的美麗，不靠華服妝容，而來自愛心滋養的靈魂。如此，女人才會成為那朵在世界深處綻放的花，用自己的方式，悄悄改變著世界。

以溫情點亮一盞心燈

謝懸本來是個意氣風發的企業家，事業曾一度風生水起，卻因一次錯誤投資而遭遇重挫。她搬到新城市打算「重新開始」，但心中的低潮與自我懷疑讓她越來越封閉，不願意與鄰居打招呼，也拒絕與舊友聯絡。她的世界像極了那間剛搬進的新屋，整齊卻毫無溫度。

直到那天晚上停電，一個小女孩帶來兩根蠟燭，也帶來一道心靈的曙光。她從未想過，自己冷漠對待的鄰居，竟會主動給予這樣溫柔的關懷。那微小的舉動，如同一記溫暖的掌心，拍醒了他麻木的心。

當她看著兩根燃燒的蠟燭，回想自己過去的言行，突然明白了：生活不是因為外界冷酷而黑暗，而是自己先關上了心的窗。從那天起，謝懸決定改變，她開始和鄰居打招呼，參加社區讀書會，甚至在當地公益組織擔任志工。這些改變並沒有立即改變她的經濟現況，卻讓她重新找回了生活的熱度與自信。原來，當妳給出溫情時，真正被溫暖的，往往是妳自己。

第四章　鍛造堅韌的內心力量

走出孤獨，擁抱溫柔的人際世界

有些人總覺得世界對自己太冷漠，但事實上，是自己先築起了高牆。孤僻不是天生的，而是長年累月的心防所累積的結果。那些拒絕交流、害怕被傷害、習慣獨處的人，其實內心往往渴望一個擁抱、一句問候。

就像曾經的謝懸，從來不是不需要關心，只是不相信會有人真心對她好。但人生的轉機，常常來自最意想不到的時刻。那個小女孩不過輕輕地敲了一次門，卻敲開了她封閉多年的心。

現代人擁有無數的通訊工具，但卻越來越難真正傾心交談。妳或許也曾在聚會中感到格格不入，在熱鬧的場合裡感到孤單。但只要願意走出一步，哪怕是一次簡單的問候，一句真誠的「需要幫忙嗎」，都有可能讓妳的世界從此不同。

人生的溫度，來自彼此之間的關心與理解。當我們選擇對別人好，不是為了換取回報，而是因為這樣的自己更柔軟、更完整。溫情不是一種施捨，而是人與人之間最有力量的連結。

請記得，這世界不會因一個人的冷漠而結冰，但會因一個人的善意而多一點光亮。妳願意向世界伸出一雙溫暖的手，它就會回妳一個溫柔的擁抱。

讓陽光照進心房

　　妳的心，是可以長出陽光的地方。當我們陷入沮喪、憂鬱，甚至感覺世界一片灰暗的時候，其實只要轉一個念，調整一個角度，黑暗便會悄悄退去。人生並非沒有陰影，而是妳是否選擇注視那道陰影，或轉身擁抱光亮。

　　決定妳快不快樂的，從來都不是外在的環境，而是妳怎麼看待自己的處境。

　　薇庭曾經是一位時尚雜誌的攝影編輯，她的生活充滿光鮮亮麗的社交與精彩的活動。但在一次工作調動中，她被派往一個無人關注的地方專欄，從此失去了媒體的鎂光燈。她無法接受自己「被邊緣化」，變得消極怠工，甚至開始懷疑自己是否還有價值。

　　那段時間，薇庭每天盯著手機看社群媒體，妒忌著昔日同事依然活躍在鎂光燈下。她的世界變得封閉灰暗。但有天清晨，她在公園裡拍攝晨霧，偶然捕捉到一位老先生遛狗的畫面，那一刻她忽然被一種平靜的力量觸動。

　　那天晚上，她寫下：「也許世界的美，不只在於浮華舞臺

第四章　鍛造堅韌的內心力量

上,而在於每一個平凡又真實的畫面。」從那天開始,薇庭開始把目光從「自己失去了什麼」轉向「自己還擁有什麼」,並透過鏡頭記錄日常的溫柔。她創辦了一個街頭攝影帳號,分享各種生活中的小確幸,漸漸地,吸引了成千上萬的粉絲追隨。

她說:「讓我重新活過來的,不是別人給我的機會,而是我自己允許自己重新被世界擁抱。」

轉念之間,風景不同

生活中的低潮,誰都有。但只要妳願意,妳可以選擇不盯著那個一直隱隱作痛的傷口,可以學著感謝自己還在呼吸、還有能力愛人與被愛。失戀也好、失業也罷,這些都不代表妳的人生就此終結。

若覺得難以釋懷,不妨寫下妳的感受、和朋友傾訴、或去擁抱一場旅行。一個人的獨處,不等於孤單;一段低谷的時光,不代表失敗。

就像陽光總在雲後,妳心裡的那束光,也會在妳願意相信它的時候悄悄長出來。讓自己重新對生命、對未來、對小事心懷感激,妳會發現,原來快樂與希望,一直都在。

有陽光的地方,就有力量。願妳用愛和希望灌溉妳的心田,讓它開出燦爛的陽光花朵。

選擇樂觀，命運就會選擇妳

　　蘇芷如是一名插畫設計師，從小性格就有些內向，遇到困難時總會往壞處想。剛出社會時，她在一家知名出版公司任職，不久卻因為改組被裁員。失業的日子裡，她整天窩在家裡，不想與人互動，對未來也毫無信心。

　　有一天，蘇芷如的好友送她一套畫筆與筆記本，說：「既然妳這麼會畫，就試著把妳的日常畫下來吧，也許畫著畫著，就能走出去了。」起初她只是當作消磨時間，卻漸漸從日常的小畫中重新找回生活的溫度。她畫她家的貓、樓下的麵包店、騎腳踏車的小男孩，還在社群上分享這些圖文。

　　出乎意料地，這些簡單卻溫暖的插畫觸動了許多人，漸漸有出版社找上門邀約出書，她也開了自己的插畫課程。蘇芷如後來常說：「那段失業的低潮，現在看來，是老天給我最大的轉機。」

　　妳的命運，很可能就藏在那些最想放棄的時刻，只要妳不退縮，就有可能迎來轉彎處的風景。

第四章　鍛造堅韌的內心力量

正向心態，是每天都要練習的功夫

擁有正面的心態，不是與生俱來的，而是持續修練的結果。遇到問題的時候，妳可以選擇埋怨，也可以選擇行動。有研究指出，幫助他人反而能使大腦產生多巴胺，讓自己也感到快樂。這並不是心靈雞湯，而是心理學上的事實。

蔡可心是一位中學老師。剛開始教書時，她被學生冷漠以對，課堂效果也差強人意，壓力大得讓她想要轉行。但她沒有放棄，反而主動參加師資研習課程，不斷調整教學方式。有一天，一位曾經經常缺課的學生在日記裡寫道：「老師，謝謝妳沒有放棄我。」

那封短短的文字，成了蔡可心的轉捩點。她明白，真正的轉變，不在於環境，而是自己選擇怎麼面對困難。如今，她不但教書，也寫作、演講，分享自己一路轉變的心路歷程。

正向心態不是一種短暫的衝動，而是一種選擇。當妳願意每天多一點點樂觀，不逃避、不否定自己，妳就會慢慢看到那些原本以為不可能的美好，正在悄悄向妳靠近。

樂觀與悲觀，決定了妳用什麼顏色畫出人生這幅畫。無論現在妳面對的是灰暗還是迷霧，只要妳願意相信，心裡的太陽便能破雲而出。

願妳每天都選擇相信光明，相信自己的力量，讓妳的心，成為照亮生命的太陽。

第四章　鍛造堅韌的內心力量

快樂女人的祕密，在於樂活的心

每個女人心裡都有對美好生活的嚮往，但現實總有許多壓力與不如意。其實，是否快樂往往取決於自己怎麼看待生活。只要擁有一顆樂活的心，哪怕生活再平凡，都能活得有滋有味。

林綺雯是一位公務員，和丈夫新搬進一棟老公寓後，晚上總能聽見對面傳來悅耳的吉他聲和合唱，有時高亢，有時低吟，讓人感受到濃濃的生活情趣。起初，綺雯和丈夫以為這是對幸福的年輕夫妻，可能是音樂系出身的老師，生活優渥又充滿詩意。慢慢地，他們開始對比自己每天疲於奔命的生活，不免生出些許羨慕與感慨。

直到某個夜晚，綺雯決定走近這熟悉又陌生的旋律，想一探究竟。她發現，那對彈唱的其實是一對年過四十的修電器夫妻，太太右手殘疾、先生左手不便，他們用各自唯一能動的手一起彈吉他，配合默契、歌聲動人。太太微笑著說：「我們已經失去太多，不想再失去快樂。」這一句話，像一道光照進綺雯心中，讓她從此學會用更輕鬆的眼光看待生活，也找回了久違的微笑。

真正快樂的女人，不是沒有困難，而是懂得在困難中活出自己的光亮。

活出自信與從容

想成為快樂的女人，不是靠際遇多好、條件多好，而是妳是否擁有善待自己的能力。

有些女人，總是抱怨生活平淡無奇，其實她們缺少的不是機會，而是對生活的熱情。會笑的女人，往往更懂得欣賞身邊的小美好，從朋友的讚美、花朵的盛開、家庭的溫暖中找到心靈的撫慰。快樂不是外在的東西，而是一種選擇，一種態度。

樂活的女人也懂得適時放下過強的欲望，用平常心過日子。她們不比較，不嫉妒，而是專注於當下能做的、想做的。她們也有理想與追求，但她們走得更踏實、更自在。她們會愛人、也會愛自己，能關心他人，也能療癒自己。

而自信，是讓女人真正發光的祕密武器。她知道自己值得被愛，也懂得好好照顧自己，會管理情緒、會安排時間、會欣賞生活的每個細節。就算什麼都不特別擁有，她也能用一顆快樂的心活出屬於自己的精彩。

快樂，不是天生注定，而是自己一天天選擇出來的。女人若能養成樂觀的心態、培養生活情趣、懂得愛人愛己，那麼就已經擁有了這世界上最寶貴的幸福。

第四章　鍛造堅韌的內心力量

接納現實，比埋怨更有力量

欣怡是一家出版社的美編設計師，工作細心又具創意，向來是同事眼中的「視覺救援隊」。但不知從什麼時候開始，她變得愛抱怨。開會時嫌主管太苛刻、同事太依賴她，外送晚到也能成為她煩躁的理由，連電梯太慢、影印機卡紙都讓她氣得跳腳。久而久之，同事間的寒暄漸漸少了，遇到問題也不再第一時間找她商量。

有次，總編找她討論新版封面，欣怡還沒開口，就先碎念：「又改封面？昨天才排完，現在整個流程又得打掉重做，煩死了。」總編默默收起稿件，轉而請另一位設計協助。那天欣怡發現自己被排除在決策圈之外，心裡不是滋味。她回到家中，跟妹妹聊起來，對方輕聲說：「姐，其實大家都知道妳很厲害，但妳的語氣常常讓人覺得有壓力。」

那一夜，她難得失眠，想起剛入行時的自己，不也曾因為一句肯定而快樂一整天嗎？後來的她，彷彿只剩下抱怨能證明自己的重要。欣怡突然明白，當一個人把情緒放在嘴邊，溫暖和連結就會漸漸遠離。

從那以後，她開始練習換句話說，遇到麻煩不再立刻抱怨，而是先處理再反思。有次午餐時，企劃誤刪了她辛苦設計的圖片，本來她火氣上來，卻只說：「沒關係，我有備份，下次一起檢查比較保險喔。」企劃感激地點頭，還請她喝了杯咖啡。

不抱怨，讓她重新找回與人交流的溫度，也讓她的笑容再次出現在辦公室的每個角落。

停止抱怨，是一種生活智慧

許多人誤以為抱怨是宣洩情緒的一種方式，但事實上，長期抱怨只會讓自己陷在自我設限的泥沼中。當妳總是在數落生活的難題，反而會對美好視而不見，錯失了原本可能發展的機會。

真正成熟的女人懂得將情緒轉化為行動力。她不會因為老闆一句話就心生怨懟，也不會因為孩子不聽話而陷入自責。她知道，日子難免有不順，關鍵在於怎麼面對。

停止抱怨，是一種選擇，更是一種智慧。學會用建設性的語言與世界對話，學會欣賞自己也理解他人，妳會發現，快樂不再那麼難得，而幸福，其實一直都在。

當妳不再活在抱怨裡，人生會慢慢亮起來，妳也會成為那個讓人願意靠近的溫柔力量。

第四章　鍛造堅韌的內心力量

拋開絕望，擁抱轉機

　　林宜蓁曾是一家時尚公關公司的主管，事業正值巔峰時期，卻因為公司重組被裁員。在短短一週內，她失去了收入來源，也失去了以往的自信。更雪上加霜的是，她的未婚夫因此選擇離開，理由是「未來不明朗」。那段時間，她每天都活在自我否定與無力感中。

　　但有一天，她在整理家中書架時，無意翻出自己大學時參加義工的舊筆記，上面密密麻麻寫著她曾經幫助過的人與故事。這些過往的紀錄喚起她的初心，也讓她意識到：與其繼續抱怨，不如從頭來過。她決定回到自己熱愛的行業，重新以自由接案方式經營公關顧問工作，並兼職教授大學生職涯規劃課程。雖然收入一開始不穩定，但她找回了方向，也逐漸在困境中重建信心。她說：「我不再害怕失去，因為我知道自己有能力再站起來。」

用信念撐起自己的一片天

生命中的苦難,不會因逃避而消失,只有正面迎戰,才能轉變困境。即使看似被現實的泥土活埋,只要妳願意抖落它,就能站得更高。當我們願意把每一次的打擊都當作練習成長的機會,我們的內心就會愈加強大。

快樂與自信,不會隨著外在環境自然降臨,而是來自內在對自己的深信與肯定。女人的堅強不是來自於不受傷,而是即使受傷,也能勇敢地療癒自己,繼續前行。別讓眼淚淹沒了未來的光芒,請記得抬頭,因為陽光永遠都在風雨之後。

第四章　鍛造堅韌的內心力量

在苦難裡種下幸福的種子

人生就像四季交替，不可能永遠春暖花開。女人在經歷挫折與困頓時，若能學會咬牙撐過風雪，就能看見春天的花。生活難免讓人喘不過氣，有些人選擇沉淪，有些人則在苦難中開出一朵希望之花。

林亭潔在 28 歲那年，經歷了人生兩次重擊。那一年，她失業了，男友也提出分手，理由是他無法與一個「一事無成」的女人共度未來。突如其來的雙重打擊讓她連站起來的力氣都快失去了，幾度在深夜裡獨自啜泣。

有天清晨，她鼓起勇氣踏出門，發現巷口那株常經過卻從沒留意的梔子花，在寒風中竟悄然開出潔白花朵。那一刻，她突然意識到：既然花能在冷冽中綻放，自己又有什麼理由倒下？

她決定改變，不再自怨自艾。每天清晨，她固定晨跑半小時，找回身體的節奏；白天就業輔導課、晚上進修英文課程。半年後，她進入一家出版社，開始接觸編輯工作，也在持續努

力下出版了第一本書,內容就是分享她從低谷走向光亮的歷程。她說:「痛苦不會消失,但我學會怎麼讓它轉化成我的養分。」

苦難是磨練,也是機會

人生中,誰都會遇到不如意的事,但重點不在於妳受了多少傷,而是妳選擇如何面對。亭潔的故事提醒我們,幸福從不是來自外在的禮物,而是妳在苦難中不放棄希望,在低谷裡仍願意仰望星空的勇氣。

每一次跌倒,都是重整自我的機會;每一次眼淚,都是靈魂成長的證明。女人真正的力量,不是從來不曾失敗,而是在風雨之中依舊選擇微笑。願我們都能學會在最艱難的時刻,種下幸福的種子,等待屬於自己的陽光。

第四章　鍛造堅韌的內心力量

第五章

跳脫命運設下的框架

　　許多女人在面對生活的不如意時,常會用「命中注定」來安慰自己。其實,這世上根本沒有什麼真正的命運可言。所謂命運,不過是我們受限於當下的環境,看不見出路,也不敢攀登那遙不可及的高處,使用命運來合理化自己的無力與退縮。日復一日,年復一年,甚至將這種觀念深植在下一代的心中,代代延續。

　　所幸,我們仍擁有夢想。夢想的存在,就是為了打破命運的束縛,將命運的陰影從人生中抹去。它是我們通往成功的起點,是創造新生活的內在力量,是那種即使歷經千難萬險也不悔的渴望。夢想能喚醒一個人的熱情與潛力,引領她全力以赴地追尋真正想要的人生。

第五章　跳脫命運設下的框架

不設限的人生，才會無限寬廣

珮慈年輕時的夢想是成為一位插畫家。她熱愛畫畫，從國中開始，每天不論功課多忙，總會騰出一點時間練習畫圖。但現實沒有給她太多機會。高中畢業後，她選擇了會計系，只因父母說這條路比較穩定。之後畢業、工作、結婚、生子，一連串的人生安排像一張緊密的網，牢牢地套住了她的夢想。

直到她的女兒進入國小三年級，有一天回家興奮地說：「媽媽，我們美術課學畫水彩，我想畫得跟妳一樣好！」那晚，珮慈坐在客廳，望著女兒用力握筆的樣子，突然間眼眶溼潤。她問自己：「我放下的，是不是也能重新拾起？」

於是，39 歲的她重新報名社區插畫課程，熬夜作畫，假日帶著女兒參加創意市集。三年後，她出版了第一本繪本，畫的是一位從家庭走回夢想軌道的中年媽媽，故事就是她自己。

「我們不是老了才不做夢，而是不再做夢才變老。」這句話，是珮慈送給每個像她一樣曾放棄夢想的女人。

讓夢想照亮人生的道路

夢想不分年齡，也不分起點。妳可以在任何時間決定轉身、重新開始。對女人而言，夢想不一定要**轟轟**烈烈，有時，只是回歸那個真實的自己。無論是想學煮菜、想環遊世界、想創業、想回學校進修，只要是妳心底的聲音，那就是妳的夢。

夢想的價值不在於大小，而在於它是否照亮了妳的路。當我們有夢，就像手裡握著一盞燈，即使走在人生的暗夜裡，也不會徬徨。

所以，無論妳幾歲，無論妳身處何地，請記得，勇敢地為夢想邁出那一步。因為妳的腳步，終將走出一條只屬於妳的燦爛人生。

第五章　跳脫命運設下的框架

堅守夢想，找回人生的方向

　　大學時期的明心——總在圖書館一角寫寫畫畫的女孩，夢想成為一名插畫創作者。她曾說過：「我想畫出自己的世界，讓圖像成為溫暖他人的力量。」那時，她的作品常常在校內展出，甚至還獲得過幾個比賽獎項。

　　但畢業那年，明心放棄了設計相關的工作機會，選擇成為一位律師的助理，只因當時交往多年的男友希望她能有穩定的收入、配合他的生活步調。兩人之後結婚、生子，忙碌的家庭生活幾乎讓她忘了畫筆的模樣。

　　直到十年後，那段婚姻因價值觀差異走向盡頭。明心在整理舊書時，看見了大學時期自己畫的作品本，那些筆下充滿色彩的角色、曾描繪的夢想，再度喚醒她沉睡已久的熱情。

　　她花了一年時間重新學習繪圖軟體、建立個人品牌，從接案開始做起，到社群平臺分享創作。雖然過程跌跌撞撞，但她從未想過要再為誰妥協夢想。

堅守夢想，找回人生的方向

三年後，明心已經是小有名氣的插畫家，有穩定的接案、出版合作，甚至推出了屬於自己的繪本作品。她常對朋友說：「我並不後悔過去的選擇，但我慶幸自己最終還是把夢想找回來了。」

夢想，是人生的導航燈

女人的夢想，不應是任何人可以拿走的東西。妳可以暫時停下腳步，但不能遺忘妳真正想走的路。很多人在人生中被家庭、社會、愛情的責任與期待推著走，漸漸忘了自己當初為什麼出發。

然而夢想不會背叛妳，它只會在角落等著妳再次回頭看它一眼，勇敢地朝它走近。

堅持夢想不等於自私，而是對自己人生最起碼的誠實。當妳為了別人而改變夢想，也許會換來短暫的穩定，但失去的是妳與自己最真實的連結。唯有擁抱那個心底的渴望，妳才不會在人生的十字路口迷失方向。

所以，不要讓成績單、愛情、年齡或他人的質疑偷走妳的夢。不管妳幾歲，不管過去是否繞了遠路，夢想永遠值得被珍惜、被守護、被實現。因為，當妳開始為自己而活，世界也會開始為妳讓路。

第五章　跳脫命運設下的框架

現實之外，夢想仍可閃耀

在許多女人眼中，「夢想」彷彿是年少時才有的浪漫，成年以後，只剩下超市折扣、孩子功課、與老公吃晚餐。但妳真的願意用「現實」去交換全部的熱情與自我嗎？其實，夢想從不是脫離生活的空想，它是讓平凡生活變得燦爛的一束光。

念芝年輕時熱愛舞蹈，一度被推薦進入舞團深造。只是那年母親病倒，家裡的經濟重擔全落在她身上，她選擇了就業、放棄了夢想。婚後，她全心投入家庭，照顧丈夫與孩子。等到孩子長大進入學校，她開始出現莫名的情緒低落，無力與疲憊讓她一度懷疑是不是自己「太脆弱」。

某天，一場街頭舞團的快閃演出喚起了她的回憶。回家後，她偷偷打開衣櫃最底層的舊舞衣，那是她青春的證明。她突然明白，這些年來，她不是不快樂，而是失去了曾讓她發光的那部分靈魂。

她鼓起勇氣報名社區的成人芭蕾課程，成了班上年紀最大的學員。開始時筋骨僵硬，氣力不如年輕人，但她一次次堅

持、流汗、忍痛。半年後,她受邀參加社區音樂劇演出,跳出她人生中最動人的一支舞。

念芝說:「我不是想成為明星,我只是不想讓那個年輕時候有夢的自己永遠沉睡。」

夢想不是奢侈品,而是生命的指引

夢想從不怕環境艱難,怕的是我們先說了「不可能」。女人可以柔軟,但不必服從。可以溫順,但不需妥協。無論妳的夢想是開一間小書店、寫一本書、成為設計師或回學校念書,只要妳願意邁開第一步,它就不再遙不可及。

現實也許會拖慢妳的腳步,但夢想會讓妳抬頭仰望星空。千萬別讓柴米油鹽遮住了妳心中的光,因為只有夢想,能讓一個女人即使跌倒千次,也願意為自己站起來。

所以,別把夢想當成過去的記憶。它其實一直等著妳,等著妳再度相信自己值得擁有不一樣的可能。

第五章　跳脫命運設下的框架

守住熱情，才能看見希望的亮光

　　許多女人在年輕時懷抱夢想，卻在成長過程中被否定、被責備，最終把夢想壓進內心深處。那些夢想不是不重要，而是從來沒有人教她們如何去保護它、滋養它。

　　瓊文小時候想成為一名芭蕾舞者，即便她的身形與傳統印象中的芭蕾舞者不符，她仍努力在後院旋轉跳躍，幻想掌聲與聚光燈屬於自己。可現實裡，她得到的卻是鄰居的嘲笑與母親的潑冷水。母親因生活失意，把未實現的夢轉化為對現實的怨懟，也無意中將自己的失敗態度延伸到瓊文身上。於是，瓊文也逐漸否定了自己，甚至連自己本來的模樣也一併討厭。

　　多年後，當她學會看見自己的價值，才意識到夢想從未離開過，只是被塵封在心底。她終於踏進舞蹈教室，和一群小女孩一起學芭蕾，完成她年少的心願。夢想雖然晚到，但她沒有再錯過。

不要讓別人的否定關掉妳的光

莉鵑熱愛畫漫畫，她的畫作曾被刊登，也激發了她的信心。可是當她鼓起勇氣拜訪心中的漫畫大師，對方幾句批評便讓她打退堂鼓，甚至多年不再提筆。直到多年後的再會，她才知道，原來當初那位老師根本不是要否定她，而是正在考慮收她為徒。她錯過了自己的一場可能，僅僅是因為太快放棄，也太在意別人的一時評語。

別把他人的評價當作夢想的終點。一句話可以傷人，也可能只是誤解。若對夢想是真心的，就該用力守住它，繼續走下去，因為成就夢想的那個人，從來只有妳自己。

女人的夢想不是奢侈品，而是心靈的養分。即便夢想微小，只要真心喜歡，就值得堅持。不怕走得慢，只怕妳連走的勇氣都沒有。困難會來，但它們來，是為了讓妳更靠近想要的人生。

所以，女人們，請用心去呵護自己的夢想吧。無論年紀、外型或起點如何，妳的夢想只要還存在，就還有實現的可能。畢竟，夢想是屬於妳的種子，妳願意澆灌，它終將開花。

第五章　跳脫命運設下的框架

內心的迷路，往往是沒有方向的結果

生活裡，許多女人之所以感到疲憊和無力，不是因為工作太忙、壓力太大，而是因為她們不清楚自己為什麼而忙、為什麼而活。每天日復一日地應付瑣事，像機器一樣地運轉，久而久之，心中失去了熱情，也失去了方向。

迷惘與困頓，其實並不可怕。可怕的是在一片混沌中失去了對目標的追尋。我們的人生不是為了日子而活，而是為了夢想、為了價值、為了內心真正渴望的東西而奮鬥。

目標，是人生的北極星

許多女性在進入婚姻與家庭後，把自己的重心完全放在配偶、孩子或家務上，漸漸地，內心的夢想與志向被忽略、被壓抑，甚至被遺忘。她們把愛給了所有人，卻忘了給自己一個清楚的方向。

一位曾在社區中心上課的學員琳達，就是這樣的例子。她曾經是藝術系學生，熱愛畫畫，也夢想開設畫室。然而結婚

後，她專心當起家庭主婦，十多年來從未再碰畫筆。有天她陪孩子參加美術比賽時，忽然被心裡的某種熟悉情感刺痛。她驚然發現，自己已經迷失太久了。

從那天開始，琳達每天在孩子睡後練畫，並報名成人美術班進修。兩年後，她辦了第一場畫展。她說：「我找到我人生的北極星了，再辛苦也值得。」

妳不需要一夜之間改變人生，也不需要與他人比較進度，妳只需要問問自己：「我真正想去的方向是什麼？」當妳有了明確的目標，那些過去覺得無力的瑣事，也會因為方向而變得有意義。

別讓自己一直在沙漠裡兜圈。找到妳的北極星，那顆能為妳照亮前路、堅定信念的心中之星，妳就會知道，該往哪裡去。只要方向對了，每一步都不算遲。

第五章　跳脫命運設下的框架

堅定目標，啟航人生新方向

人生若沒有目標，就像一艘在大海中迷航的船，雖然不停前進，卻找不到港口。目標不僅是願景的起點，更是邁向自由的根本動力。就像跳高選手面對橫桿，若沒有那道明確的高度作為指引，努力將毫無方向。唯有設下清楚的目標，才會有挑戰自我、突破限制的渴望與動力。

在迷霧之中，唯有定睛於目標，才能看見穿越風雨的希望之光。馬拉松選手，正是因為心裡牢記終點的位置，才能在霧雨交織的賽道上堅持到底。現實生活中，我們是否曾因忽略了終點的方向，而被眼前的阻礙擊退呢？

目標不是想想而已，而是需要用行動去堆疊與實踐的具體藍圖。若不明確，或者不堅持，再美的夢想也只會停留在空想中。

畫出人生藍圖

小林雖然能力不錯，學經歷完整，卻因為缺乏對目標的堅持與深思，在三年內輾轉多職，始終未能立足。或許在每個當

下,她都離夢想不遠,只差一步堅持。

與她相對,小玉的例子則更具啟發性。這位家境貧困的女孩,目標明確、意志堅定,從學習到進入社會,她一步步向自己理想的生活靠近。哪怕一路辛苦,哪怕環境有限,但她從不放棄。因為她知道,自己想要什麼,並願意為之持續努力。這樣的女人,終將收穫屬於自己的幸福。

事實上,不論妳的夢想是什麼,妳都可以一步一步朝著它前進。想出國念書,就從每天學好英文開始;想進入心儀產業,就先了解該行業的所需條件並精進自己;想遇見好伴侶,就先成為值得被欣賞的人。所有目標的實現,從來不靠幻想,而是靠一連串具體可行的行動。

每位堅定的女性都明白,成功從不是運氣,而是一種選擇。她們選擇相信自己,選擇不被現實擊退,選擇不為外界的聲音所動搖,這樣的堅持最終讓她們走出了與眾不同的人生。

所以,別再猶豫,也別再羨慕他人。請從今天開始,訂下妳心中的目標,然後一步步去實現。哪怕風雨再大,哪怕路途遙遠,只要方向對了,每一步都是靠近。

妳的人生不會憑空改變,它需要妳自己舉起風帆,掌握方向,啟航向前。目標,是妳點亮人生航道的燈塔。

第五章　跳脫命運設下的框架

短視近利，反成絆腳石

有個博士曾做過一項知名實驗。他將一隻雞關在鐵籠中，籠子外放滿米粒，只要牠繞道從出口走出去，就能吃到米。但雞始終只盯著眼前的食物，不願繞路，最終什麼也沒吃到。這項實驗說明動物的欲望往往直接而短視，而人若無長遠眼光，也容易困在眼前的得失之中。

在現實生活中，許多女性在職場選擇或人生道路上，也常落入「只看眼前」的陷阱。梅香就是一個典型例子。她放棄原本喜愛的技術領域，轉而選擇報酬較高的公關職位，卻發現自己既不快樂也不擅長。最後想回到原本熱愛的電子行業時，卻因為脫節太久而無法順利轉身。原本的專業優勢逐漸消耗殆盡，留下的是迷惘與懊悔。

許多女性就像梅香，為了追求眼前的舒適或待遇，放棄真正適合自己的長遠發展。她們或許當下滿意，卻在多年後發現自己在職涯上缺乏專精與深度，最終成為「什麼都會一點，但什麼都不夠好」的多工者。

短視近利，反成絆腳石

眼光放遠，成就更大格局

同樣在職場上，傅芳與淑玲的故事更展現出兩種不同眼光的結局。傅芳為了抓住部門經理的機會，放棄進修的機會，選擇留在原地苦撐三個月，期望得到升遷；淑玲則接受公司安排，選擇離開現場進修，哪怕因此錯過競爭機會。

結果出人意料：淑玲不僅提升了專業能力，回來後還以極高的耐心帶領資質較弱的新人，展現出極強的包容力與責任感，最終反而被選為部門經理。

傅芳的失落不無道理，但她忽略了一個關鍵——職場上的升遷與成就，不只靠能力，還要看一個人是否有長遠的視野與全局觀。領導者不只是做事的人，更是願意承擔與培養他人的人。

有遠見的女人懂得取捨。她們清楚眼前的機會與利益或許可貴，但真正值得投注的，是能帶來長期成長與格局提升的選擇。她們願意為了未來暫時「繞道」，因為她們知道，那將帶來更深厚的資本與更高的舞臺。

所以，當眼前擺著一條輕鬆的路與一條充滿挑戰的路，妳會怎麼選？答案應該是：選擇那條能讓妳越走越高的路，即便一開始走得慢一些，也終將走得更遠、更穩。

成功的女人，看的從來不是一時的光鮮，而是一生的高度與厚度。因為她們明白：繞遠一點，其實更接近真正的目標。

第五章　跳脫命運設下的框架

努力成就妳的獨特光芒

在二十幾歲的年紀,我們常對人生懷抱幻想:或許下一秒會中大獎、遇見貴人、或步入夢幻的戀情。但現實總會提醒我們,光靠幻想是無法改變人生的。人生若真有捷徑,那條捷徑就是持續不懈地奮鬥。唯有努力,才能掌握屬於自己的命運。

有些女孩總以為幸福會從天而降,總期待別人來幫自己完成願望。但幸福從來不是別人給的,而是靠自己一點一滴努力爭取的。沒有人能陪妳走一輩子,最終還是得靠自己。女人也該為自己努力,讓生活過得充實。

夏晴是一位在臺北就讀藝術設計的女孩,天資聰穎、外表亮眼,但她不靠這些條件搏取生活的捷徑。她從不期待靠一段關係改變命運,反而選擇靠雙手打拚。當她與企業家的男友相戀時,她不甘於被當作成功男人背後的陪襯,而是選擇自我成長。

「我要的是屬於我自己的舞臺,不是站在別人的光環裡取暖。」在情感與夢想之間,她選擇遠赴巴黎進修,把自己推向

更高的層次。那段期間,她學得孤獨卻堅定,也讓她在設計界闖出一片天。她用行動證明了:女人的魅力,不是來自誰的肯定,而是源自對自我價值的認同。

真正的幸福,不是等來的

我們常因生活壓力而感到疲累,也可能抱怨人生為什麼這麼難。然而,回頭看看那些正在努力、一步步靠近夢想的自己,就會發現:奮鬥本身就是一種幸福。它讓生命充滿張力,也讓人越挫越勇,閃耀出屬於自己的光芒。

幸福從來不是得過且過的妥協,而是妳在追求夢想、承擔責任、不怕失敗中的累積。人生,不一定要飛黃騰達,但一定要有一個讓自己引以為傲的努力過程。或許妳的工作平凡、收入普通,但只要妳在為自己而努力,那份成就感,就是人生最閃亮的光點。

女人的一生,值得為自己努力。妳不需要是最亮的星,但可以是那顆始終堅定閃爍的光。努力過後的快樂,是最踏實的幸福;努力過後的女人,是最有魅力的存在。讓我們用行動證明:女人的人生,也能靠奮鬥寫下最精彩的篇章。

第五章　跳脫命運設下的框架

挑戰自我，人生沒有設限

人生雖短，但只要妳願意突破自我，就永遠不會有盲點。每一次的進步、每一次的挑戰，都是成就更好的自己的機會。

方婕自小個性內向，不擅言詞，連在班上舉手發言都會臉紅心跳。大學讀企業管理，但她真正熱愛的是表達與溝通，尤其嚮往成為一名具影響力的演說者。然而，這個夢想對於一個說話會結巴、在人前會緊張到語無倫次的女孩來說，幾乎像是一場幻想。

畢業後，她進入一間中型公司擔任行政助理，工作雖穩定，但她始終無法忘記那個站上舞臺的夢想。於是她報名參加了一個公開演說訓練課程，第一次上臺演講不到兩分鐘便因過度緊張而落淚，臺下沒有人笑她，反而響起鼓勵的掌聲。

她沒有因此放棄，而是把每一次的挫敗都當作一次考驗。她練習發音、錄音聽自己的語速與語調，甚至主動報名參加社區的導覽志工，只為了克服與人互動的恐懼。三年後，她不僅成為公司內部的培訓講師，還多次受邀在各地企業分享職場心法與女性成長的演講，曾經不敢發聲的她，終於讓聲音有了力量。

她常說的一句話是:「人生沒有天生的話語權,有的只是願不願意開口的勇氣。」

這份精神,正是每一位女人都值得學習的。

自我挑戰,是通往成功的關鍵

生活中,我們常常因為害怕失敗、擔心別人眼光,或是自我設限,而錯過突破的機會。但只有勇敢跨出舒適圈的人,才能真正看到不同的風景。

自我挑戰,不一定是登高山或跨大海,它可能是報名一堂從沒接觸過的課程,也可能是辭去一份安穩卻無法讓自己成長的工作,甚至是學會擁抱那個曾經被自己否定的自己。只要妳願意面對心中的軟弱,人生就有機會被重寫。

方婕的故事讓我們看到,所謂的「轉變」從來不是天上掉下來的奇蹟,而是一次次在「想放棄」與「再堅持一下」之間做出的選擇。因為她選擇相信努力的價值,才從一個說話都會顫抖的女孩,成為能在百人面前侃侃而談的講師。

所以,別再懷疑自己,也不要小看那些微小的夢想。只要妳願意堅持、願意突破、願意為自己多走一步,妳的世界也會跟著被打開。

記住,努力挑戰自我,人生就不會有盲點。只要妳相信,妳也能成為自己的光芒。

第五章　跳脫命運設下的框架

看似失敗的開始,可能是轉機的序章

美國西部過去曾掀起一股淘金熱,來自世界各地的夢想家湧入加州。在這些淘金客中,有一位名叫凱蒂的德裔女子,她滿懷希望離開家鄉,隻身前往金山尋夢。她原以為只要足夠努力,就能挖到人生第一桶金,從此改寫命運。然而現實卻無比殘酷,凱蒂辛苦了數月,卻連一小塊金礦都未曾見過。她的雙手磨破、衣衫襤褸,心中卻充滿失望。

正當她準備放棄回國時,她留意到身邊的淘金客普遍缺乏堅固、耐磨又能抵抗極端天氣的工作服。這個發現讓她靈機一動:「我也許挖不到金,但也許能為這群淘金者做點什麼。」她利用家傳的裁縫手藝與剩下的積蓄,親手縫製出結實又舒適的帆布褲,並將之販售給礦工。這些褲子耐磨又實用,很快就在淘金者之間打響名聲。凱蒂的「金礦」,不是藏在地底,而是藏在她的巧手與觀察力之中。幾年後,她創立了自己的服裝品牌,專為戶外工作者設計服飾,在那個男人主導的時代,寫下一頁屬於女性的商業傳奇。

看似失敗的開始，可能是轉機的序章

人生不是只有直路，懂得轉彎才能前行

阿芬是有錢人家的女兒，自小接受良好教育，夢想成為一名作家，將自己的思想與觀察寫進字裡行間。然而，當時社會對女性的期待多是「賢妻良母」，阿芬的寫作夢常被視為不切實際。即使如此，她仍偷偷投稿給報社、文學刊物，但屢屢石沉大海，甚至有人譏諷她「女子無文」。

面對打擊，她並未自怨自艾，而是轉向家中經營的香鋪，主動提出改變銷售方式，將香品與文學結合，製作「詩香包」，每一包香品都附上一首自創詩詞。這項創舉不僅吸引了顧客，更讓她以另一種方式實現了文學夢想。她的作品最終在當地流傳甚廣，甚至成為婚嫁禮品中的熱門之選。晚年時，她仍筆耕不輟，留下一系列以女性視角描寫人生百態的作品，成為女性文學的重要聲音。

不是每個夢都會以原來的樣貌成真，但只要我們不放棄尋找，夢想總會在另一個轉角與我們重逢。願每個夢碎時刻，我們都有勇氣轉彎，走出一條自己的光明大道。

人生總難免遇到挫敗，重要的是如何面對。那些看似無望的夢想，或許正是為了指引我們去發現另一種潛能。只要不輕言放棄，並懂得轉換視角，就能從泥濘中走出自己的坦途。學會為夢想另闢蹊徑，是一種智慧，也是一種力量。

第五章　跳脫命運設下的框架

第六章

做個靈巧圓融的智慧女人

　　懂得「長袖善舞」的女人，擁有一種將危機化解於無形的智慧，也具備一種從容不迫、圓融處世的通透。她們能屈能伸，靈活應對，善於把握身邊每一項資源，為自己的成功默默累積實力。這樣的女人懂得分清輕重，明白何時該認真、何時該裝傻，在拿捏分寸之間展現她們的高度與格局，讓人不只敬重，更心生讚佩。

　　可以說，「長袖善舞」的女人是生活中的典範，她們總能在現實舞臺上應對自如，活得豁達而優雅。

第六章　做個靈巧圓融的智慧女人

妳的魅力來自親和力

所謂親和力，不是刻意迎合別人，而是一種能讓人自然靠近、感受到溫暖的力量。它不僅是人與人之間建立信任的起點，也是一種深藏於內心的尊重與平等。真正有親和力的女人，不需要驚人外貌或高位光環，她們靠的是溫柔的語調、自然的笑容與真誠的關懷，讓人樂於親近，願意與她共事、同行。

曾韋君是某家中型企業的品牌行銷主管。她並不是那種氣場強大、一出場就讓人側目的女性，但只要與她聊過幾句，無論高層或基層員工都能感受到她身上的親切與穩定感。某次公司內部升遷，她與另一位能力相當的男同事同時被提名。面談時，有同事問她：「如果遇到同部門同事表現比妳好，妳會感受到壓力嗎？」

她不急不躁地說：「若他真的比我好，我會替他高興，也會想學他哪裡做得比我好。我相信，帶領團隊的不是光靠一個人表現，而是整體一起進步。」

聽完這句話，在場高層與員工都報以掌聲。最後她順利升任品牌部經理。原因不只是她的資歷或實力，而是她身上那股

令人安心、值得信賴的親和力。

反觀另一位業績強但為人冷漠的候選人,即使報告再亮眼,也讓人難以想像與他共事的日子會多麼沉重。

親和,是內外兼修的修養

一位真正有魅力的女性,不會把自己的優勢變成驕傲,而會用理解和耐心去化解衝突、撫平緊張氣氛。她知道什麼時候說話,什麼時候微笑,什麼時候應該靜靜聆聽。

親和力不只是一種與生俱來的氣質,它更可以透過後天的練習來養成。妳可以從改變儀態開始,打扮自然大方、說話語調和緩、學會用眼神交流而非居高臨下。業餘時間培養興趣、閱讀好書、欣賞音樂,讓自己的氣質由內而外地自然散發出來。

就像林宥萱,一位擔任社區活動志工的年輕媽媽,她每週都會帶孩子參與共學,無論遇到誰,她總是先笑著點頭說:「今天過得好嗎?」久而久之,她成了社區裡人人想靠近的溫柔代表。

親和力不是討好別人,而是讓自己變得溫柔有力量。這份特質讓妳不只是「漂亮」,更是「有價值」,因為妳懂得用心連結人心。

第六章　做個靈巧圓融的智慧女人

　　親和力不是壓低自己,而是懂得如何與他人平等交流。這種特質,不但讓妳在職場更具影響力,也讓妳在生活中收穫更多信任與支持。別忽視親和的力量,因為那才是女人最動人、最難以取代的魅力所在。

柔軟，才是面對世界的力量

在這個變化快速、局勢多變的社會裡，唯有擁有靈活變通的心態，女人才能在不同角色與情境中游刃有餘。不懂得變通的人，常被自己的執念與固執困住，不但讓自己走得艱難，也容易與身邊人產生摩擦與距離。

蘇彥婷畢業後進入一家知名企業擔任祕書，年輕氣盛的她總認為自己的學歷與能力不該用在行政瑣事上。某天深夜，公司臨時要將重要通知寄給全體員工，幾位同仁主動留下來協助，但蘇彥婷卻冷冷地說：「我來這裡不是為了貼郵票的。」

當時的主管聽了神色一沉，語氣平靜卻堅定地說：「如果連最基本的事情都不願意承擔，那妳可能不適合待在這裡了。」就這樣，蘇彥婷被請離職。

經歷了一連串求職碰壁後，她再度回到原公司，神情不再高傲，語氣誠懇地對主管說：「我從外面的世界學到了很多，才發現自己曾經多麼狹隘。我想重新來過。」

主管點點頭說：「只要妳學會尊重他人，願意調整自己，機會永遠不會關上門。」

第六章　做個靈巧圓融的智慧女人

　　這一次，蘇彥婷變得踏實、願意傾聽，態度柔和，也因此很快重新贏得團隊的信任。

　　在現實生活中，堅持原則並不是錯，但若只認定自己的觀點、拒絕傾聽與調整，最終不僅錯過機會，也會錯過與人建立連結的可能。

　　真正聰明的女人，會在堅持與妥協之間找到平衡。她不會因一點建議就否定自我，也不會一味討好，而是懂得從他人的聲音中汲取啟發，讓自己變得更圓融、更具彈性。

　　不願變通的人，往往容易陷入偏執。他們的想法或許出發點沒錯，但方式若太過強硬，就會讓人難以靠近。長此以往，他們成了團體中的孤島，也成了自己困住自己的囚籠。

　　當妳願意繞道而行，世界也會為妳讓出更寬的路。

打開心門，才能真正成長

　　太過執著的人容易在枝微末節中卡住自己，為一點不順就情緒爆炸。而懂得變通的女人，內心更有彈性，也更能看清事物的全貌。她知道，放下不是軟弱，而是一種成長；轉彎不是退縮，而是一種智慧。

　　學會變通，讓自己的生命更有餘地，也讓未來更有可能。用柔軟與彈性，活出女人應有的智慧與魅力。

經營人脈，是通往成長的祕徑

在這個講求資源整合與合作共贏的時代，人際早已不只是交朋友那麼簡單，更是成就個人未來的關鍵力量。妳的機會、妳的成功，往往藏在某個朋友、某個曾經聯絡過的人的手裡。這不是市儈的想法，而是生活的現實。

當妳回想過往是否曾有幾次只差臨門一腳，只要有個人願意拉妳一把，妳就能跨過那道難關？人脈就是那扇門背後的鑰匙。

曾有一位名叫林孟珊的年輕女性，靠著半工半讀唸完大學。她畢業後進入一家會展公司，每天忙於細瑣雜務。但她並沒有把這份工作看輕，反而透過每一次安排會議、接待貴賓的機會，用心與人建立關係。她記得客戶的姓名、興趣、甚至喝咖啡加不加糖。

幾年後，這些被她默默經營的人脈變成了她創業最堅實的後盾。她成立活動整合公司時，第一批客戶就是那些曾經她親手準備過資料、細心招待過的人。她說：「我不是靠資金或背景出來創業，我靠的是一路走來交到的這些人。」

第六章　做個靈巧圓融的智慧女人

人脈不是「拉關係」，是妳持續給出去的溫度與誠意，所累積的信任。

讓人緣成為妳人生的推進器

很多女人在忙碌的生活中，往往忽略了人際的經營。她們對朋友的付出習以為常，卻容易在自己需要時發現，自己已經跟人走得越來越遠。其實，有些友情不是變淡，而是妳太久沒去澆水。

維繫人脈，不能等到需要幫忙才打電話。那樣的關係只會讓人覺得妳「有事才來」。真正長久的關係，是妳在沒有特別理由的時候，願意發個訊息問候，記得對方生日、孩子的名字，甚至是在對方失落時願意傾聽。

林孟珊曾說：「每次幫別人，並不期待什麼回報。但總有一天，妳會發現這些人自然站在妳這邊，幫妳解決困境。」

想要經營好自己的人脈資源，就得具備幾個關鍵特質：主動關心、願意付出、懂得尊重、善於傾聽。而這些不是一朝一夕能養成的，而是從日常的點點滴滴累積起來的。

人脈不是妳認識多少人，而是有多少人願意在妳跌倒時伸手拉妳一把。經營人脈不是投機，而是把每一段關係當作一份生命中的禮物來對待。當妳用心對人，世界也會用心回報妳。

女人的魅力不只是外在的優雅，更在於她願意對人溫柔、對關係用心。請記得，那些妳花心思建立的人脈，終將成為妳往前走最溫柔也最有力的推進器。

第六章　做個靈巧圓融的智慧女人

主動出擊，創造自己的機會

　　在這個講究個人魅力與表現力的時代，懂得適時推銷自己，是一種不可或缺的智慧。很多女性以為只要默默努力，終有一天會被看見，但現實並不總是這麼理想。唯有主動展現自己的能力與價值，才不會讓機會悄悄溜走。

　　譬如孟婷，一位服裝設計系的女孩，她不僅在校成績優異，更對設計有著一股純粹的熱愛。她畢業後進入一家小型設計工作室，每次接到案子總是全力以赴。她會為了一件設計畫上三天三夜，設計出的作品精緻又有創意。然而，因為個性內向，她從不向主管提案，也從不主動表達自己的意見，只希望有一天上司能自行發現她的才華。

　　幾年過去，她的努力仍沒被賞識，反倒有幾位善於表達自己的同事迅速升遷加薪。這讓孟婷感到十分沮喪。直到她離職後，在一家大型設計公司面試時被告知：「我們看不到妳過去工作的代表性作品，也不了解妳在團隊中的定位。」她才猛然發現自己一直躲在角落，沒讓人看見真正的自己。

展現自信,打開成功的門

某日,她偶然參加一場時尚品牌記者會,現場星光熠熠,其中一位女星的氣質深深吸引了孟婷。她鼓起勇氣走上前,遞上自己設計的草圖,並誠懇地說:「我特別為妳的形象設計了這款禮服,希望妳願意看看。」那位女星驚喜地翻閱設計圖,不但當場表示想訂製,更推薦她到自己合作的設計公司應徵。幾週後,孟婷順利錄取,正式踏入她夢寐以求的舞臺。

這個轉機讓她明白:妳不主動,誰會知道妳的光芒?在職場上等待賞識,不如自己創造機會。千里馬常有,伯樂卻不常見,若想成就理想,必須靠自己為自己鋪路。推銷自己不是炫耀,而是勇敢展現實力;不是自誇,而是讓別人知道妳值得被重視。

懂得在對的時機說出自己的想法,適度展現才能與企圖心,這才是新時代女性應具備的職場態度。要記得,妳的價值不該被埋沒,別人不會替妳發光,只有妳自己,才能為夢想點燈。

第六章　做個靈巧圓融的智慧女人

整合彼此力量，攜手並進

從前，有兩對旅人接受了神明的恩賜——一簍鮮魚與一根釣竿，目的地是一片未知的大海。第一對選擇分道揚鑣，一人帶著整簍魚，一人獨握釣竿。那位擁有食物的人，三兩下將魚吃得一乾二淨，卻無法持續生存；而另一位帶著工具卻餓倒在海岸前。兩人都因為自顧自的選擇，錯失了抵達目標的機會。

第二對則做出了不同的決定，他們選擇合作同行，彼此分享食物、輪流分擔勞累。靠著互相扶持，他們終於抵達海邊，憑藉那根釣竿釣起一條條活魚，開始了新的生活。

再優秀的人，如果獨自面對挑戰，也可能難以成功。只有懂得整合彼此的力量，才是真正的智慧起點。

在講求效率與團隊精神的現代社會，單打獨鬥已不再是制勝關鍵。無論是在職場上還是生活中，能與人合作、具備團隊精神的女性，總能在關鍵時刻展現價值。

善於合作的女人，懂得用誠懇與信任建立關係，她們尊重每一位夥伴，不輕易評判與挑剔，而是選擇理解與接納。遇到

不同的聲音,也能保持理性、適度讓步,進而化解分歧,達成共識。

真正具備合作能力的女性,不只關注自己的得失,更懂得從全局出發,尋找彼此共贏的契機。她們不在意是否搶得掌聲,而在意整體的進步;她們不怕犧牲眼前的榮耀,卻深知長遠的價值才值得追求。

與人合作,讓成長不再孤單

合作,不代表妳要喪失自我,反而是在不同觀點的磨合中,看見更完整的世界。在互助中成長、在彼此中學習,這樣的合作,不只是生存策略,更是實現夢想的力量來源。

別讓自尊與成見成為妳的障礙,也別因為害怕矛盾就選擇孤獨前行。世界從來不獨屬於某一個人,而是屬於那些懂得攜手的人。當妳願意走出自己的小宇宙,打開與人連結的大門,妳就會發現,合作不只是手段,而是一種更深的生活智慧。

成功從不是靠單打獨鬥築成的城堡,而是靠著合作鋪就的橋梁。女人若能學會與人同行,不執著於單一的步伐,而是用包容、理解與彈性去擁抱不同的節奏,便能走得更穩、更遠。懂得合作的女人,不僅能擁有堅強的後盾,更能創造出屬於自己的光芒與價值。

第六章　做個靈巧圓融的智慧女人

與其單打獨鬥，不如善用貴人力量

人生若想走得更快、更穩，有時靠的不是一個人的蠻力，而是懂得尋找與掌握「貴人」的智慧。貴人不一定是權勢滔天的大人物，他可能是一句良言的朋友，也可能是一位在關鍵時刻拉妳一把的主管。懂得適時請益、主動爭取，人生才能少繞許多彎路。

剛從英國留學返臺的林苡恩，回國後一心想進入外商企業，然而履歷寄出十幾封卻毫無回音。一天晚上，她在學校的校友通訊錄中看到，一位曾經在講座上分享過的學長目前正任職於某間外商的亞太區主管。她鼓起勇氣寫了封誠懇的信，表明自己的志向與努力，希望學長能提供建議或機會。

她本以為這封信會石沉大海，沒想到隔天就收到回信，不但邀請她隔日來公司面談，學長還表示自己也曾因貴人提攜才走到今天，因此很樂意給後進一次機會。最後，苡恩順利進入這家夢寐以求的公司，展開了全新的職涯旅程。

與其單打獨鬥，不如善用貴人力量

關鍵時刻，貴人指引新方向

古人說：「假舟楫者，非能水也，而絕江河。」也就是說，一個人若懂得藉助他人之力，便能達成原本不可能的目標。成功從來不是單靠蠻力闖出來的，更需要策略與合作。歷史上也不乏這樣的例子，像是三國時的劉備，正是因為聽從諸葛亮「聯吳抗魏」的建議，才有了赤壁之戰的勝利。可見，適時接納高明的提點與幫助，是走向成功的重要轉折。

職場如戰場，若一個女人總是獨自苦撐，不願請益、不懂得建立關係，那麼即使再努力，也可能被埋沒在茫茫人海之中。反之，那些懂得主動爭取、建立人脈、並適時讓貴人了解自己優勢的人，才能在關鍵時刻脫穎而出。

與其羨慕別人獲得貴人協助，不如先問問自己：我是否已準備好？我是否懂得在適當時機把自己的實力與誠意展現出來？貴人不會總是主動出現，但只要妳有準備，有目標，並願意主動爭取、真誠待人，那麼屬於妳的貴人，也終將出現在旅途上。

女人若想在變動快速的世界中站穩腳步，不只是靠實力，更要懂得借力使力。當妳願意放下孤軍奮戰的執念，打開心門向他人請教、學習，貴人的出現將不再只是偶然，而是妳有意識耕耘的人際資源所收穫的必然果實。

第六章　做個靈巧圓融的智慧女人

　　讓貴人成為妳的助力，不只是運氣，更是智慧。人生的每一次提攜，都是妳善用關係網、準備周全、主動爭取的回報。當妳願意展現自我、開口求助，貴人就會在轉角處等妳。

學會柔軟，是一種更高層次的堅強

在加拿大一處南北向的山谷中，東坡與西坡呈現截然不同的景象。西坡種滿松柏、冬青等樹木，而東坡卻只有雪松一種植物存活。這一差異的原因，並非土壤氣候的差別，而是在於雪松的彈性。

當風雪來襲時，厚重的積雪壓在東坡的雪松上，樹枝會因重壓而彎曲，等雪自動滑落後，枝條又能回復原狀。這樣的循環，反倒保住了整棵樹。而西坡的其他樹木，卻因缺乏彈性，終究抵擋不住積雪的重量，枝折樹斷。

有一對婚姻陷入僵局的夫妻，原本計劃來這裡做最後一次旅行，決定是否繼續走下去。正是觀察到雪松的生存智慧，他們終於明白，婚姻與人生都需要學會「彎曲」。不是妥協，而是一種智慧的選擇。正如這片山谷所傳達的啟示：懂得適時放下，才能重新站起來。

第六章　做個靈巧圓融的智慧女人

原則與彈性，不能失衡

「彈性」的可貴在於，讓我們在遇到壓力與困難時，選擇暫時的退讓與調整，以保全自身。這不是懦弱，而是成全未來的力量。真正有智慧的女人，懂得在該堅持的時候堅持，在該轉彎的時候放手。彈性不是無底線的討好，更不是左右逢源、毫無立場的八面玲瓏。

在伊索寓言中，蝙蝠總是站在勝利者那一方，既不真正屬於鳥類，也不真心認同走獸。當兩方言歸於好時，牠成了兩邊都不歡迎的局外人。這個故事提醒我們，做人可以靈活，但不能沒有原則。

現代社會複雜多變，一位有彈性的女性，不僅要懂得保護自己，更要在處理人際關係時展現得體的智慧。會做人是一種修養，而會變通，是讓這份修養發揮作用的橋梁。柔軟的姿態並不損害尊嚴，反而讓人感受到包容與成熟。凡事懂得進退有度、張弛有法，反而能讓人刮目相看。

一個真正成熟且優雅的女人，不是永遠昂著頭迎戰，而是知道什麼時候該堅持，什麼時候該轉彎。在講求效率與溝通的職場與人生中，彈性讓妳進退有據，也讓人際關係更加圓融。不僅為自己留了餘地，也為幸福鋪了一條順暢的道路。懂得柔軟，才是更高層次的堅強。

學會低調是智慧

現代社會提倡表現自我,許多女性憑藉出色的學歷與能力在職場嶄露頭角。然而,過度展現聰明反倒可能為自己帶來壓力與孤立。真正高明的智慧,不是讓所有人都知道妳很強,而是讓人樂於與妳共事。

王玥畢業於名校,是典型的高學歷、高顏值女性菁英。她進入知名地產公司後,立刻在業務上大放異彩。原本老闆對她期望極高,甚至有意提拔為部門主管,但她太快將自己與他人區隔,不自覺地貶低前輩、批評同事穿著與能力,使同事對她敬而遠之。她努力地獨挑大梁,以為業績就能說服所有人,卻忽略了團隊合作才是職場晉升的根本。

最終,老闆只能放棄提拔她,因為一個領導者若無法凝聚人心,即使能力再強也無法帶領整個團隊往前走。這樣的結果讓王玥深刻明白,職場上不只是拚能力,還要懂得收斂鋒芒,懂得謙遜和尊重。

第六章　做個靈巧圓融的智慧女人

低調不等於平庸，是另一種成熟的表現

一名政治家曾提醒他的女兒：「妳可以比別人聰明，但不要讓人知道妳比他聰明。」這句話點出人際互動中的關鍵心理機制。因為大多數人不喜歡在比較中居於劣勢，即使妳沒惡意，也可能讓對方感到威脅與不安。

真正聰明的女人，懂得在適當時機展現才華，也知道何時該退一步、示弱一些。不是退讓自己的實力，而是為了讓人更願意靠近妳。懂得在對的時間把光芒讓給他人，反而更容易讓人信任與喜愛。

適度的示弱不是脆弱，而是一種高明的策略。當妳能讓同事感到親近而非被威脅，妳才可能真正站穩職場，也才能有更大的舞臺去施展自己的能力。

職場不是單打獨鬥的競技場，而是一場長期合作與信任的累積。當我們學會控制自己的光芒，適時放慢腳步、不讓他人感到自尊受損，我們其實也在為自己打造一條更穩固的晉升之路。

每一位有實力的女性，都應該明白：真正的高明，不在於讓所有人知道妳有多厲害，而是讓妳身邊的人因妳的存在而感覺更好，這才是持久且不敗的影響力。

讓說話成為魅力的延伸

在職場、社交乃至日常生活中，說話的技巧往往決定了人與人之間的距離感。

懂得說話的女人，能在細微之處化解尷尬、鼓勵他人。例如在派對上，一位穿著樸素的來賓明顯感到不自在，此時若妳輕輕地說：「妳的穿著真清新，一點也不需要爭豔，反而更顯高雅。」這不只是稱讚，更是讓她重新找回自信。這些話語，看似簡單，卻能讓人心頭一暖、記住很久。

語言的力量有時勝過一切。會說話的女人，常常在人群中自帶光芒，不是因為她們多會表達，而是她們說出口的話，總能讓人感受到尊重、理解與欣賞。

善用讚美，成為人際高手

心理學研究指出，讚美能有效提升人的情緒與動力。透過實驗觀察，當兒童聽到讚美時，大腦即刻產生正向反應，反之，指責則會讓能量驟減。也就是說，一句正向的肯定，猶如注入一劑精神補劑，不僅能激勵他人，也能讓妳在對方心中留

第六章　做個靈巧圓融的智慧女人

下溫暖的形象。

人際關係的經營，說到底，就是讓人感覺自己是被重視的。一個受歡迎的女人，並不是因為她最出眾，而是她總能讓人覺得自己很重要。她會適時點出對方的優點，例如：「妳總能在細節中表現得那麼得體，真讓人佩服。」這樣的稱讚，既具體又不浮誇，自然讓人感到真誠與舒服。

人性裡潛藏著對認同的渴望，人人都希望被肯定。當妳的語言能滿足這種需求，妳就能拉近彼此的心理距離，讓對方願意親近妳、信任妳。

與其刻意迎合，不如學會觀察與放大他人的長處。讚美不應只是表面功夫，而應來自對人的欣賞與體察。久而久之，妳說出來的每一句話，就不再只是聲音，而是一種潛移默化的魅力。

女人的氣質與魅力，往往體現在她說話的方式中。一句得體的話語，能化解衝突、鼓舞士氣、鞏固關係。若妳想擁有好人緣，想在人際互動中如魚得水，那就從學會說「讓人舒服的話」開始。這不只是技巧，而是一種修養；這不只是溝通，而是妳最柔軟、最有力量的一面。

讓形象為妳加分

懂得發揮女性的特質,將成為職場中最柔韌的力量。魅力,不僅是外在的光彩,更是內在性格與智慧的交織。適時展現女性魅力,不只是為了吸引目光,更是讓妳在職場中得以發揮實力、建立影響力的起點。

在公司裡,形象是一種隱性的語言。邱語晨是一家品牌企劃公司的專案經理,雖然年紀輕輕,但她始終以得體又有品味的穿著示人,讓人感受到她對工作的尊重,也讓合作夥伴對她的專業印象深刻。她曾說:「穿著不是取悅他人,是一種禮貌,一種職場的態度。」當她帶領團隊與客戶報告時,不只表達清晰有條理,她的外在形象更為她加分不少。

除了穿搭,語晨每天都會利用午休短暫冥想、放鬆身心,讓自己保持最佳狀態。她相信,真正的魅力不只是外表,更來自於自信與情緒的穩定。當面對突發狀況時,她總能冷靜處理、沉著應對,讓人不禁佩服她的氣度與智慧。

第六章　做個靈巧圓融的智慧女人

魅力是信心的光芒

職場中競爭激烈，但真正讓人敬佩的，不是氣勢凌人，而是解決問題的能力。怡潔在一間跨國企業擔任行銷主管，她曾面對一項預算縮減的困難專案，但她沒有怨言，而是用創意和成績說話，說服團隊以最少的成本達到最大的效益。

她懂得在必要時表達關心，記得團隊成員生日，經常在小組會議前詢問每個人的近況。她的貼心讓團隊成員感受到溫度，也樂於與她合作。對她而言，成就團隊，就是最有力的領導。

女人的智慧，不只是冷靜與理性，還包含了溝通的敏銳、情緒的掌控與對他人情感的理解。這些都是無形卻強大的女性魅力。

魅力並不等於外貌出眾，而是妳能否自信地活在自己喜歡的狀態中。妳可以活潑開朗，也可以安靜溫和；可以勇於挑戰，也可以柔軟以待。只要妳真誠待人、努力發揮所長，魅力自然散發出來。

當女人懂得施展自己的魅力，並善用這股力量與他人建立良好關係，她不只會在人群中脫穎而出，更能在職場上穩穩站穩腳步。別忘了，妳的魅力，不只是為了吸引他人，更是妳通往成功的資本與能量來源。

懂得站在對方立場，才能走得更遠

初入社會時，許多人都將目標放在如何展現自己，卻常忽略一個更實用的原則：想讓別人聽妳說話，先讓他們感受到妳理解他們的需求。這不只是技巧，更是一種真正的人際智慧。

年輕時，編輯蘇珊從小鎮北上求職，當時經濟不景氣，媒體圈更是擠滿求職者。她手中沒有人脈、資源有限，但她有一項特殊的經歷——曾在印刷廠學徒多年。她沒有急著自誇經歷，而是仔細研究了她投履歷的第一家公司老闆的背景，發現對方也是從基層做起的印刷學徒。她寫了一封簡短誠懇的信，沒有華麗辭藻，只是談及她對這行業的熱情與共同的出發點。結果，她成為公司當年唯一一位獲得正職機會的新人。

有時候，成就來自我們是否願意去理解別人，而非只是強調自己。以對方的需求為切入點，才能更容易被接受，也能快速建立信任感。

除了理解他人之外，懂得適度讓步，也是一種高度的人際技巧。在一次工廠巡視中，宋允看到幾名員工在禁菸區抽菸，她沒有當場責罵，而是遞出幾根雪茄，笑著說：「外頭的風景

第六章　做個靈巧圓融的智慧女人

應該更適合享受這幾根雪茄。」員工聽了不但主動走到戶外，還對這位老闆心生敬意。

其實，「有理也讓三分」，並不意味著委屈自己，而是對局勢的掌握與胸襟的展現。面對人與人的摩擦，適時的柔軟比強勢更能化解對立，讓事情往更好的方向發展。

想像一個畫面：兩位同事在午餐時不小心互相潑了湯。一方焦急地道歉，另一方卻先關心地問：「妳有沒有燙到？」這樣的反應，不只是風度，而是一種人情味的展現，足以讓誤會瞬間煙消雲散。

從妳是否能「讓人舒服」這件事上，常能看出一個人的格局與氣度。真正成熟的人，會在不動聲色中影響他人，在溫和堅定裡創造改變。

適度迎合，是懂得選擇的智慧

在這個強調表現的社會，許多人害怕「迎合」會喪失自我。但其實，適度的迎合並不是討好，而是換位思考的藝術。當妳願意站在對方的角度考量，不只提升了溝通效率，也讓人更樂於與妳合作。善用這樣的智慧，不僅能化解衝突，更可能打開新的契機。

懂得站在對方立場，才能走得更遠

　　所以，下一次面對誤解、誤會或挑戰時，試著以對方需求為起點，從共鳴中建立連結；適時退讓、真誠說話，也許就是改變局勢的轉捩點。懂得溫柔而堅定地表達，才是長遠人際關係中的真正力量。

第六章　做個靈巧圓融的智慧女人

第七章

愛得清醒，才能愛得長久

　　每個女人心中都渴望愛情。渴望去愛，是為了證明自己存在的價值與能力，也是為了釋放那些不安卻又甜蜜的情感；渴望被愛，是希望能被人珍視、被溫柔呵護。愛，幾乎是女人一生的嚮往與一種無法抗拒的美麗宿命。

　　然而，並不是每個女人都承受得起愛。有些人，一旦愛了，就迷失了方向。為了對方，她們放棄了自己的喜好、犧牲了原本的夢想，甚至遺忘了自己是誰。

　　其實，愛除了需要緣分，更需要成熟的心。真正懂得愛的女人，會在愛來臨時珍惜擁抱，也能在愛離開時灑脫放手。因為她們有能力去愛，更有勇氣承受愛的代價。

第七章　愛得清醒，才能愛得長久

當心，別讓愛變成傷害

許多女孩在青春的某個時刻，容易把愛情看得比什麼都重要。彷彿一遇見心動的人，世界就只剩下他。愛得太深、太快、太不設防，往往是讓自己受傷的開始。

雨桐從高中起就沈迷於各種浪漫小說，嚮往著轟轟烈烈的愛情。她幻想自己也會像書中的女主角那樣，遇見一位溫柔體貼又深情款款的王子，一起經歷刻骨銘心的故事。後來，她進了一家科技廠上班，遇到部門裡一位風度翩翩的主管。對方年紀輕輕，談吐得體，又總在她身邊釋出好感。這讓雨桐認定，他就是命中注定的那個人。

雨桐開始悄悄改變自己，穿著、談吐、甚至生活習慣，全都往對方喜好的方向靠攏。終於，主管接受了她，他們開始交往。但這段戀情卻只能躲躲藏藏，因為那名主管早已有穩定交往的對象，只是對方暫時不在身邊。

即使真相攤在眼前，雨桐仍選擇繼續付出。她學會煮飯、洗衣，將所有積蓄拿來替對方買禮物，只為博取多一點愛與肯

定。直到有一天,那名主管與正牌女友結婚,雨桐才不得不接受自己只是別人感情生活的插曲。

真正的愛,不該是犧牲自己來成全別人。戀愛之前,女孩們應該先問問自己:這份愛值得嗎?他是值得我交付全部的人嗎?不是每一個心動的瞬間,都值得全力以赴。

把愛的主導權握在自己手裡

我們之所以會被愛情沖昏頭,很多時候是因為沒有認清自己,不了解愛情本質,更不懂得如何保護自己。

愛之前,應該先學會「看人」的能力。一段健康的感情,應該是雙方互相尊重、互相扶持,而不是一方單方面付出、另一方享受其成。若只因對方外表吸引人、甜言蜜語動人就盲目陷入,很可能只是拿自己當試驗品,在對方的人生中短暫存在後被遺棄。

女孩的自信與判斷力來自日常的累積。不只是課本上的知識,而是面對人際互動時的冷靜應對,面對誘惑時的堅定拒絕,以及對自己情感狀態的誠實審視。這些,都是妳在愛人之前必須先學會的能力。

愛不是犧牲,也不是交易。妳必須先是個值得愛、懂得愛自己的人,才會遇見一個真正懂得珍惜妳的人。

第七章　愛得清醒，才能愛得長久

　　動情前要動腦，是女人在感情中最關鍵的自我保護。愛人前先學會愛自己，當妳懂得自我尊重與判斷，愛情才不會變成傷痕。

　　別讓自己為了愛，失去了自尊與底線。真正成熟的女人，不是不談戀愛，而是懂得在戀愛裡保持清醒。只有這樣的妳，才值得最真摯也最長久的愛。

面對孤單，不該輕易妥協

　　晶晶從小生活優渥，是家中的掌上明珠，直到上了大學才開始體驗真正的獨立生活。然而，面對突如其來的自由與孤獨，她一時間無所適從，看著身邊同學談情說愛，她也不自覺地渴望起戀愛的陪伴。正巧有男同學向她示好，雖然並無特別好感，但對方總能在她覺得無聊時適時出現，陪她聊天、吃飯，成為了她打發孤單的方式。

　　這段戀情開始得無聲無息，發展也不過是順著情勢走。然而當晶晶開始依賴這段關係，把情緒、需求全部投注在對方身上時，男生卻逐漸對她的依賴與任性感到疲憊，最終提出分手，甚至在背後說她的不是。晶晶受不了這樣的打擊，整日以淚洗面，完全無法接受一段她從未真正思考過的感情就這麼結束了。

真正的孤獨，是與錯的人在一起

　　為了戀愛而戀愛，不是真正的愛情，而是一種逃避內在空虛的方式。當女人害怕獨處，就容易將錯誤的感情誤認為寄

第七章　愛得清醒，才能愛得長久

託，甚至甘願委曲求全，只求一點溫暖。事實上，錯誤的陪伴只會加深內心的寂寞，讓人更難走出情緒的漩渦。晶晶的故事只是眾多例子之一，許多女人因為害怕一個人，選擇錯的人，最後落得身心俱傷。

若妳無法面對短暫的孤獨，就更難在愛情裡找到長久的幸福。真正值得投入的感情，必須建立在自我完整的基礎上。女人應該學會與自己相處，享受獨處的時間，而不是急於用另一段關係填補空白。只有當一個人能夠自在地生活，才能夠真正地擁有選擇的餘裕。

愛情從來不是生活的必需品，而是一種加分項。女人要明白，克服孤單、接納獨處，是成長的必經過程。試著去培養興趣、規劃未來、參與社群、幫助他人，當妳的生活逐漸豐盛起來，妳會發現自己其實早已不再孤單。而那個真正對的人，也會在妳成熟、堅強、自信的樣子中悄悄走近。記住，愛情可以是禮物，但永遠不是救贖，能真正陪妳一輩子的人，首先應該是妳自己。

青春不是籌碼，而是起點

童話裡的灰姑娘總在等待白馬王子拯救，從此過上幸福快樂的生活。許多二十幾歲的女孩也有著這樣的幻想，覺得只要長得漂亮、氣質出眾，就能吸引有錢人，把人生交給命運安排的「理想對象」。但現實並非童話，一旦少女夢醒，面對的往往是一場空。

曾有位美國女孩卡蜜拉，在社群網站上大膽發文表示自己想嫁給年薪超過 50 萬美元的男人，甚至誠懇詢問該去哪裡認識這樣的對象、應鎖定哪個年齡層的男人才是「投資報酬率」最高的選項。這篇文章在網路上引起熱烈迴響，一位華爾街金融家以極其理性的角度回覆她：「妳的美貌會貶值，但我的資產可能會增值，從投資眼光來看，妳屬於不宜長期持有的資產，只適合短期租賃。」

這番話雖然尖銳，但卻道出了殘酷的現實。妳可以靠外表吸引男人的注意，但這種吸引力有保存期限。一旦青春逝去，若妳沒有其他價值、沒有能力，那麼妳就會被輕易取代。青

第七章　愛得清醒，才能愛得長久

春從來不是籌碼，它應該是一段累積實力與打造自我魅力的起點。

女人的魅力，來自內在

真正的成功不是「嫁得好」，而是「活得好」。卡蜜拉若能理解那位金融家的建議，把心思放在提升自我、培養專業、拓展視野，或許有一天她也能成為年薪超過 50 萬美元的女性，甚至比起「被挑選」，更有資格去「選擇」自己想要的人生。

有位作家曾說：「女人的一生中，總會有幾年，只要她想要什麼，男人就會給她什麼。甚至她未曾開口，他也早早為她準備好。但過了這些年，又有誰還在意妳呢？」這句話提醒我們：不要把短暫的青春視為通往幸福的保證書，更不要以為愛情能取代妳應該追尋的自我價值。

與其等待別人賞識，不如學會自立自強，擁有讓人無法取代的實力與人格魅力。因為真正值得的關係，不是依附，而是平等的結合；真正穩固的幸福，也不是靠外貌博來的寵愛，而是來自妳自身所散發的光芒。

成為有價值的妳，讓幸福主動靠近。當妳不再只是等待白馬王子的灰姑娘，而是主動創造幸福的自己，那才是愛情故事真正的開始。

展現自信的力量

年輕貌美的女性,總能在青春的光環下享受無數的關注與寵愛。許多人拚命追求時尚、精緻妝容與社交場合的亮眼登場,以為這些就是女人吸引力的全部。然而,再耀眼的外貌也有被時間沖淡的一天。真正值得長久擁有的,是能與歲月並肩成長的實力。

當女人只將目光停留在外貌,而忽略了自我內涵的培養,那麼一旦年華稍縱即逝,便會慌張地懷疑自己失去了價值。其實,一個懂得精進內在的女人,隨著年齡的增長,反而會更顯風采。她不再只是年輕時的「白紙」,而是歷經歲月淬鍊、色彩斑斕的畫作,自信又從容,擁有屬於自己的亮點。

與其執著於美貌,不如累積讓自己發光的能量。許多女性在感情挫折中過度自責,誤以為是自己不夠溫柔、不夠動人,卻沒意識到,當自身實力不足時,愛情也難以長久支撐。與其一味依賴他人的肯定,不如投資在自我成長上,讓自己成為無可替代的存在。

第七章　愛得清醒，才能愛得長久

以可可・香奈兒為例，這位傳奇設計師不僅在時尚圈締造經典，更在 71 歲時高調復出，掀起另一波風格革命。她的魅力並非只來自外在的精緻，而是來自堅毅不拔的精神與源源不絕的創造力。正因為她選擇經營自己的人生，而非單靠他人的認可，她才能成為時代的象徵。

經營自己，才不怕風雨變化

女人一生會經歷無數轉折，年齡、環境、感情皆有可能帶來挑戰。但只要擁有實力，就不會在愛情裡患得患失，也不會在生活中輕易被擊倒。所謂實力，不一定是華麗的頭銜或驚人的收入，而是面對困難時的處變不驚，是在無人欣賞時依然堅持自我，是隨時具備重啟人生的勇氣。

懂得經營自己的女人，不會把希望寄託在他人身上，也不會因為愛情受挫而懷疑人生價值。她會趁年輕時累積經驗與能力，在失敗中提煉智慧，讓自己成為一個值得被尊重、值得被愛的人。

真正有魅力的女人，不是最美的那一位，而是最懂得讓自己變得更好的人。當妳有了實力，便不需取悅世界，因為世界自然會為妳讓路。

愛情不是等待，而是主動選擇

愛情對每個人來說都彌足珍貴。它不總是如童話般輕易降臨，有時，甚至是一生難得一次的緣分。正因為如此，當它悄然來到，若只是靜靜觀望、不敢靠近，很可能就會讓一段本可綻放的情感，悄然凋零於遺憾之中。

曾有位詩人這麼寫道：「我將在茫茫人海中尋找我靈魂的唯一伴侶。得之，我幸；不得，我命。」這句話令人動容，也讓人思考：面對愛情，我們究竟是主角，還是旁觀者？

許多女孩總覺得，在戀愛裡矜持是一種必要的優雅。即使遇見心動的人，也只是默默關注，期待對方先開口，深怕表露真心會讓自己顯得輕浮。然而，愛情若只依賴對方靠近，自己卻始終不願踏出一步，那麼，妳注定只能成為故事裡靜靜觀望的配角，而無法真正擁抱幸福的主角。

在愛裡做自己的主角，不留遺憾

真正成熟的愛情，不是等待，而是把握。一個懂得主動的女人，會清楚自己想要什麼，也懂得用適當的方式去靠近對

第七章　愛得清醒，才能愛得長久

方,不是盲目迎合,更不是卑微討好,而是勇敢表達自己的真誠與感受。

當妳遇見一個讓自己心動的人,請不要急著退後,也不要過度在意別人的眼光。因為錯過可能就再也沒有機會,而主動,或許正是妳為自己爭取幸福的開始。正如有人說:「不願為任何人放下驕傲,卻願意為某個人低頭一次,這不是輸,而是妳對那段感情的重視。」

愛情並不總是**轟轟**烈烈,也不總是一見鍾情。它也許藏在一次平凡的對話中,一個不經意的眼神裡。與其事後懊悔當初沒有勇氣,不如現在就選擇真誠地表達。如果真的遇見了心裡認定的那個人,請記得,矜持不是妳的枷鎖,而主動可能是妳通往幸福的鑰匙。

愛情,不該只是心裡的悸動或偶爾的幻想,更該是一種行動的勇氣。不論結果如何,當妳勇敢地說出心裡的愛,妳就已經為自己的人生寫下精彩的一頁。別讓遺憾成為妳對愛情的回憶,當心被點亮的那一刻,別猶豫,請大方地走向那份感動。愛,是用來抓住的,不是用來錯過的。

愛情剛剛好，才最動人

適度的感情，是一場剛剛好的風景。愛得太多，容易讓人窒息；愛得太少，又像風過無痕。對女人而言，愛情不必滿溢，只要剛剛好，就能恆久而不失溫度。

卡米耶‧克洛岱，是十九世紀末法國極具天賦的雕塑家，才華橫溢，年少成名。她十八歲創辦自己的雕塑工作室，不久後認識了藝術大師羅丹，並成為他的學生與情人。

卡米耶對羅丹一見傾心，全心投入。為了愛，她放棄了尊嚴與自我，甚至與羅丹簽下「愛的契約」，期望對方從此不再與其他女性往來。然而，羅丹從未真正屬於她，他最熱愛的，始終是他的藝術。卡米耶日漸陷入情緒的深淵，最終精神崩潰，在精神病院孤獨地度過了三十年。她的故事成為一段藝術與愛情交纏下的悲劇。

女人若是愛得太滿，最終可能輸給自己。卡米耶不是敗於羅丹，而是輸給了那場失控的愛。

真正穩固的感情，需要的是平衡。有空間、有自由，反而

第七章　愛得清醒，才能愛得長久

歷久彌新。過分依賴與占有，讓愛情變得沉重，讓彼此喘不過氣。

大學生妮妮就是一個例子。她在眾多追求者中，選擇了那個最執著的男生李奇。李奇對她呵護備至、百依百順，幾乎沒有自我。兩年追求，終於打動妮妮的心。但戀愛不久，李奇卻逐漸冷淡，最後轉而追求別人。妮妮百思不得其解，怎麼會變得這麼快？

其實，李奇愛的不是妮妮，而是征服過程中的成就感。一旦得手，激情褪去，對她的關心也隨之消失。

把感情留一點給自己

女人選擇伴侶，往往容易被熱烈的追求打動，卻忘了思考對方是否真的合適。真正的愛不是無限度地付出，而是互相尊重、互相成長的過程。

愛得太滿，容易迷失；愛得剛好，才能長久。保持一點理智與距離，不是冷漠，而是給自己空間、給對方餘裕，讓愛得以呼吸。

愛情不該是枷鎖，而是讓彼此更好的力量。一段健康的感情，是愛對方，也不忘珍惜自己。

愛得有分寸，約會也要有智慧

許多女性一旦確定戀愛關係，便把主導權全交給對方，認為約會只要出席就好，卻忽略了自己在其中所扮演的重要角色。其實，越是親密的關係，越需要掌握基本的約會禮儀，才能讓彼此相處得更自在也更長久。第一步，當然是「守時」的展現。一點點的遲到或許會讓人感覺可愛，但若次數頻繁或遲到過久，反而會讓對方對妳的態度產生質疑。適時說明原因與道歉，能顯示妳的成熟與體貼。

此外，選擇適合的約會地點也別輕忽。剛開始約會的場合，建議以開放的公共空間為主，如咖啡館、書店、藝文展覽或公園等，不僅氣氛舒適，也較能放鬆地認識彼此。尤其在初期認識階段，女性最好避免獨自邀請對方到家中，這樣做不但容易引起誤會，也可能讓自己處於不必要的風險之中。即便是多次約會後，也應慎選新鮮、有特色的地點，讓每一次相處都能保有新意與期待。

第七章　愛得清醒，才能愛得長久

用心安排活動，讓互動更有深度

　　約會的重點不只是在一起，更是創造連結與理解彼此的過程。因此，不妨在約會安排上多花些心思，選擇能增進彼此互動的活動，例如一起看展覽、參加小型演奏會、或是共同上課學習興趣課程。這些都能讓雙方在輕鬆的氣氛中展現真實的性格與想法。偶爾來場戶外的小旅行或踏青，也是一種極佳的浪漫選擇，透過親近自然與互相照顧，建立更深層的情感基礎。

　　若彼此已有一定的熟悉度，也可以安排對方參與自己的朋友圈聚會，這是一種讓彼此生活自然交集的好方式。當對方能自在地融入妳的社交圈，也象徵著他正一步步走進妳的世界。同樣的，觀察他在朋友面前的表現，也能幫助妳更清楚他的真實樣貌。

　　戀愛不是一場由他人主導的戲劇，而是一場雙方共同演出的舞臺。學會掌握節奏、安排互動、展現自我，才是讓愛情維持熱度與尊重的祕訣。女人在戀愛中不該只是甜美的陪襯，更應該是優雅又智慧的主角。懂得經營每一次約會，不只是愛對方的表現，更是愛自己的方式。

魅力不是全盤揭露

常聽人說：「男人來自火星，女人來自金星。」這句話點出了兩性之間的巨大差異。對女人而言，若想要長久吸引男人，並不一定需要驚人的外貌、溫順的性格或無懈可擊的能力，而是一種難以言喻、若隱若現的氣質。這種氣質，就是神祕感。

男人對神祕的事物總是特別感興趣，這背後的心理源自於遠古時代狩獵的本能。未知的獵物總能帶來刺激與成就感，因此現代男性依然喜歡去「追尋」與「探索」。當一位女人能讓他看不透、猜不準，她就成了他心中最想征服的目標。

神祕感並非來自沉默寡言，而是懂得在日常互動中掌握分寸。她可以今天像春日暖陽，明天卻如秋風涼意；她可以在一次對話中分享自己的一段經歷，但從不把一切攤開。這樣的女人，男人永遠想再多了解一些。

給一點，收回；再給一點，再收回。這種若即若離的互動，讓男人不斷保持熱情，就像孩子永遠追逐著跑在前面的風箏。

第七章　愛得清醒，才能愛得長久

讓愛長久的祕密

婚姻中的神祕感更是維繫感情的關鍵。一段關係若全無保留，毫無懸念，就容易陷入疲乏和平淡。即使是結了婚的夫妻，也應該保有屬於自己的一點空間與獨處時間。當妳能夠讓另一半在了解妳的同時，仍對妳保有好奇與期待，妳就掌握了愛情長跑的節奏。

偶爾讓對方思念妳、不確定妳在做什麼，會激發他重新看見妳的價值。一部電影臺詞說得好：「親愛的，我要走了，至於為什麼，這是我的祕密。」這樣的神祕，比千言萬語更撩人。

女人真正的魅力，往往藏在她願意保留的那一部分。當妳把自己變成一本永遠讀不完的書，男人才會願意一頁一頁細細翻閱、無法自拔。別急著揭開所有面紗，愛情才不會失去光芒。保持神祕，不是裝模作樣，而是一種愛自己的表現，也是一種長久吸引的藝術。

撒嬌是一門智慧，不是任性

　　許多女人試圖研究如何抓住男人的心，其實，真正的「必殺技」早已存在 —— 撒嬌。心理學家曾指出：「會撒嬌的女人最幸福，因為撒嬌是一種溝通的藝術，也是一種維繫感情的智慧。」男人表面上堅強果決，實則內心也渴望溫柔呵護，而撒嬌正是女人最柔軟、卻最有力量的武器。

　　撒嬌並不是無理取鬧或過度依賴，而是一種能夠巧妙化解矛盾、拉近距離的方式。懂得撒嬌的女人，能在關係中適時示弱，讓男人產生保護與疼愛的本能。而那些過於強勢、從不示弱的女人，反而容易讓感情變得緊繃，失去戀愛的溫度。

　　阿蓉的故事正是一個經典的例子。當初，她與丈夫愛得熱烈，婚後卻因瑣事爭吵不休，甚至走到了離婚的邊緣。然而，在即將離開的前一刻，她無意間對丈夫撒了一個嬌：「嗯，不嘛，我不想睡。」這句話勾起了丈夫心中對她溫柔時光的回憶，讓他瞬間動容，進而挽回了這段幾乎破碎的婚姻。

　　婚姻生活不像戀愛時的浪漫無限，日常的壓力與瑣事很容易讓兩個人忽略彼此的感受。然而，撒嬌能夠為感情注入新的

第七章　愛得清醒，才能愛得長久

活力，讓雙方重新感受到最初的心動。當女人適時撒嬌，男人會覺得自己被需要、被重視，這種感覺能讓他更願意投入感情，維繫關係的和諧。

撒嬌的藝術

撒嬌是一門藝術，需要講究方式與分寸。如果表現得過於矯揉造作、動輒無理取鬧，便會讓男人心生厭煩，甚至對妳敬而遠之。真正會撒嬌的女人，懂得用恰到好處的方式展現柔情，而非無理取鬧。例如：

適時示弱：男人天生有保護欲，當妳偶爾撒個嬌，他自然會樂意伸出援手，享受成為英雄的快感。

撒嬌不等於耍賴：撒嬌的關鍵是甜美溫柔，而不是無理要求。

適度讚美與崇拜：會撒嬌的女人懂得讚美男人，讓對方感受到自己的重要性。

撒嬌是一種享受生活的方式，也是一種增進感情的技巧。會撒嬌的女人，能讓男人更珍惜她，而不會把她視為理所當然。

女人的魅力不僅來自於外貌，更來自於她對感情的經營。撒嬌是一種溝通方式，適時地示弱與撒嬌，能讓愛情保持溫度，讓男人心甘情願為妳付出。掌握撒嬌的藝術，讓愛情與婚姻更加甜蜜與幸福。

柔情不是退讓，拒絕才是保護自己

〈心太軟〉曾是一首傳唱大街小巷的歌曲，也道出了許多女人內心的無奈與心酸。在愛情裡，女人總是比自己想像的還要寬容。無論對方多麼不值得，妳總是忍不住給他一次又一次機會，只因為那一點點愧疚、一點點不忍。但妳是否曾想過，這份心軟究竟是出自妳的善良，還是妳對自己的不負責任？

依婷是一位長相亮眼的設計師，某天開始受到一位已婚企業家的狂烈追求。她起初非常抗拒，明知對方有家庭，也明白自己不該踏入這樣的關係。但對方每天鮮花、禮物不斷，甚至深夜醉酒來敲她的門，讓她在鄰居的側目中倍感壓力。最後，依婷沒能堅持原則，心軟讓他進了家門，遭遇了她情感上的一場劫難。

「他也只是喜歡我啊，我是不是太絕情？」她常這樣自問。然而她不知道的是，對方正是利用她的善良與遲疑，不斷侵蝕她的底線。像依婷這樣的心軟，不只是一種溫柔，更是對自己的背叛。

第七章　愛得清醒，才能愛得長久

妳不欠任何人

芝安的故事也很典型。分手兩個月後，前男友突然表示悔意，希望復合，說是被新女友欺騙。芝安本已重新振作，但聽到對方低聲下氣地求饒，說想重新開始，她又一次心軟接受了。然而對方本性未改，沒多久又讓別的女人懷了孕，芝安這才徹底醒悟。

這樣的復合，其實不是出於愛，而是對過往回憶的不捨，甚至是習慣使然。女人常在「他會不會真的改了？」的懷疑與希望中拉扯，但往往代價就是自己的時間、自尊與情感。

很多女人都忘了，心軟不是慈悲，是妳對自己缺乏保護的證明。那些傷害妳的人，根本不會感激妳的寬容，只會更得寸進尺。當妳一次次選擇原諒，其實只是給他更大的空間來踐踏妳。

愛不是容忍，也不是一味的善良。妳不能用心軟為自己的委屈找理由。不要再對那個一再讓妳難堪、委屈的人留情，更不要讓「他其實不是壞人」成為妳原地踏步的藉口。

真正愛自己的人，懂得在心軟之前先想清楚：這個人值得嗎？他對我好，是因為真心，還是因為我的退讓方便了他？要記住，妳不是誰的救世主，也不是誰的垃圾桶。做個理智溫柔的女人，該溫暖的時候溫暖，該拒絕的時候果斷。

情感裡的清醒，是妳給自己最好的保護。有時候，一次堅定的拒絕，比百次原諒來得更有價值。

第七章　愛得清醒，才能愛得長久

執著不是堅強，是沉溺

在金庸筆下，小龍女與楊過的愛情刻骨銘心，《神鵰俠侶》那句「問世間情為何物，直教人生死相許」不知感動了多少少女心。然而，現實中我們終究不是小說角色，愛得死去活來的結果，不見得會換來圓滿。有些女人，在感情裡深陷不拔，把一份過去的感情當成此生唯一的救贖，最終卻困住了自己。

從《小美人魚》的故事就可以看出，愛得太滿，換來的不是幸福，而是幻滅。她為了王子失去了聲音、疼痛地走在陸地上、甘願成為泡沫。這樣單方面的犧牲，雖然唯美，卻也令人心疼。她愛得太沉重，終究無人知曉她的委屈與遺憾。愛不是燃燒自我換取感動，而是兩人共同經營的情感。當一段關係中只有妳一個人在努力，那就不是愛情，而是單戀的執念。

愛一個人不是無止盡的付出，也不是不顧一切的堅持。太多女人把對愛的投入視為美德，卻忽略了這份愛是否值得。有時候，讓自己從一段錯誤的感情中抽身，才是真正的成熟與勇敢。

愛情不是比賽，沒有輸贏

　　周慧享受著男友對她的照顧與體貼，卻忽略了愛情中不只是被愛，還需要互相付出。她總是強勢地堅持己見，忘了愛情不是辯論場，不是用說服來換取理解。當男友說出分手的那一刻，她才意識到，原來自己只是站在原地等待他回頭，卻沒想過他早已走遠。

　　為了挽回，她願意放下自尊、改變自己，但男友卻只淡淡一句：「別傻了，有些愛消失了就不會回來。」這句話如夢初醒，讓她明白了再多的努力，也喚不回一顆已經不再愛妳的心。愛情不是只靠堅持就能守住的東西，它需要雙方的意願與付出。單方面的努力，只會消耗妳自己。

　　從這段經歷中，周慧學會了放手，不再為了一段不屬於她的感情耗盡心力。她將自己投身於生活與興趣中，從活動裡找回自信，重新活出屬於自己的光芒。

　　我們曾經以為，堅持就能感動對方，捨不得就代表深情，但事實是，有時候最深的愛，是懂得在對的時候放手。不是每一段愛都該執著到底，也不是每一次分開都是失敗。真正成熟的愛，是願意轉身，給彼此重新選擇幸福的機會。當妳願意放下過去，未來才有空間走進來。

第七章　愛得清醒，才能愛得長久

　　讓愛適可而止，才是真正的成全。不是為了誰低頭,也不是為了誰堅持,而是為了那個終究值得妳幸福的自己。

失戀不是結束，而是重生的契機

　　二十歲的女孩，總在愛情裡懷抱著天長地久的夢。然而當戀情畫下句點，許多人會陷入無邊的痛苦，覺得人生失去了光彩。其實，每一段失敗的感情，都是人生給妳的一次提醒。真正的失戀，未必全是因為對方變了心，而可能是兩人本就不適合。與其說妳是放不下那個人，不如說是放不下過去那份熟悉的陪伴與習慣。

　　寧雪二十歲那年，男友為了一位富家千金拋下了她。分手當晚，大雪紛飛，她一個人在街上痛哭，無法接受現實。這段感情曾是她的全部，她無法理解，怎麼一夕之間就全變了。但青春的傷痛不會白受，她在哭泣中學會了獨處，在沉默裡學會了反思。幾年後的寧雪，不再是那個脆弱的女孩，而是能夠微笑面對過去、重新綻放光彩的女人。她懂得了愛情不是唯一，真正重要的是與自己和解。

第七章　愛得清醒，才能愛得長久

蛻變的勇氣，就是最好的回應

失戀的痛苦無可否認，但那其實是一個了解自己、重塑自我的契機。很多女孩在失戀後選擇放縱、報復，或急忙投入下一段關係，只為逃避傷痛。她們錯以為用新的愛能抹去舊傷，卻忽略了內心的修復才是根本之道。真正成熟的女人，會從一段失敗的戀情中找到反省的力量，轉化痛苦為養分。

失戀不是終點，而是轉彎的開始。只要願意面對與承認失去，失戀會成為通往更好人生的一座橋，而不是一道牆。

當愛離開，請記得，妳並不是被遺棄的人，而是被人生重新引導方向的旅人。願我們都能把眼淚化為力量，把失戀當作一次重生的磨練。愛情不是人生的全部，而是生命中的一段歷程。讓它帶來教訓，也留下感動，然後妳會發現，那些曾讓妳心碎的事，未來都會成為妳笑著說出口的故事。

走出失戀，不等於否定過去

失戀對許多女人來說，就像一場突如其來的風暴，席捲了整個世界。原本繽紛的日常，瞬間變得灰濛模糊。失去一段深愛的感情，不只是心碎，更像是靈魂某部分的撕裂。然而，愛情結束，並不代表人生就此終結。

琇梅是一位外表出眾的大學生，過去總是驕傲地挑選仰慕她的男生，直到遇見了一位才華洋溢的男孩，讓她第一次卸下姿態去愛。起初，他寵著她、遷就她，兩人相依為命。但琇梅的任性漸漸耗盡了男生的耐心，半年後，男方提出了分手。她的驕傲一夕之間崩塌，眼淚與懊悔填滿了生活的每一角落。

從那天開始，她的生活變了。學業下滑、意志消沉，她甚至否定了自己。但真正困住她的不是失戀本身，而是她不肯放過自己，無法接受自己失去愛情也失去了「價值」的錯覺。

不糾纏，是對自己的慈悲

女人一旦將自己的幸福寄託在一段感情上，就很容易失去獨立思考的能力。當愛情變質，很多人不甘放手，反而選擇糾

第七章　愛得清醒，才能愛得長久

纏，把曾經的愛化成無休止的追問與哀求。這樣的挽留，不僅留不住愛情，還會讓自己失去尊嚴。

琇梅的故事讓我們看見：如果不願抽身，最後傷得最深的只會是自己。其實，不願放手的，不一定是對方，更多時候是自己無法接受失敗的自尊。妳越糾纏，對方越快離開，而妳自己，也只會陷入更深的痛苦泥淖。

若我們能夠明白，真正的體面是在愛情結束後仍能保有自己的尊嚴，那麼轉身就不會那麼困難。正如葉子會在季節更替時飄落，並非因為風太強，而是為了來年綻放得更美。女人的美麗從來不是依附在誰的愛裡，而是在放手後依舊能笑著走下去的勇氣。

失戀的苦無法避免，但我們可以選擇怎麼走出這段黑暗。不糾纏，不代表不愛，而是懂得愛自己更多一些。當對方已經轉身離去，妳要做的不是追趕，而是驕傲地轉身，迎向更美的自己。願每一位曾在愛裡受過傷的女人，都能學會在傷口處長出翅膀，在自己的春天裡，再次盛開。

第八章

穩固關係，經營屬於自己的幸福

身為女人，我們心中總有許多想擁有的東西：迷人的外表、清晰的頭腦、甜美的愛情、亮眼的事業，以及一段穩定而幸福的婚姻。而在這些渴望之中，婚姻的圓滿，往往對女人而言具有特別的意義。

一段幸福的婚姻，是許多女人生命中的依靠。它不只是情感的歸屬，更能帶來生活的力量與方向。有了穩定的感情支撐，女人更能安心面對日常挑戰，甚至在職場上展現更大的自信與堅定。

聰明的女人懂得珍視這份情感，不把婚姻視為理所當然，而是用心經營、用愛呵護。因為，一段真正幸福的婚姻，不僅是感情的收穫，更是女人一生中最深刻的成就與幸福。

第八章　穩固關係，經營屬於自己的幸福

調整焦慮，別為了完成任務而草率

多數女性在年過三十後，便會開始思考婚姻。尤其在三十多歲這段時間，仍握有擇偶的主動權，還能從容選擇。但一旦跨過四十這道心理門檻，有些人就會開始慌了。來自家庭的壓力、親友的關心，甚至辦公室同事偶爾的玩笑話，彷彿都在提醒自己：「該嫁人了」。於是，有些女性便在還不夠了解自己真正想要什麼的狀況下，急急忙忙地走入婚姻。

葉寧就是這樣一位例子。她三十歲那年，覺得自己再不結婚就「來不及」了。家人的催促與身邊朋友紛紛步入家庭的現實，讓她開始懷疑自己是不是「出了什麼問題」。於是她接受了父母安排的對象，與一位自己談不上喜歡的男人倉促結婚。然而，婚姻並未解決她的孤獨，反而將她推向更深的寂寞。這段婚姻不到兩年就草草收場，離婚後的她不只要面對失落，更要承受「離過婚」這個新貼上的標籤。

女人若只為了「嫁」而嫁，往往會換來更多的不幸。婚姻若成為任務，那麼與其說是選擇，不如說是投降。

調整焦慮,別為了完成任務而草率

學會等待,在成熟中遇見對的人

相較之下,雅麗的故事則讓人感受到清醒與自信。她三十五歲時仍未婚,親戚們急得團團轉,不斷有人勸她:「別挑了,人好就好。」但雅麗並不為所動,她認為婚姻不是湊合過日子,而是要能相知相惜、共享未來的陪伴關係。她清楚自己要什麼,也知道不該妥協。

她把生活過得井井有條,不但有穩定的工作,也積極參與各種活動、認識新朋友,甚至不抗拒參加相親。她說:「我要為自己創造遇見幸福的機會,同時也給別人一個機會。」後來,她在一次朋友聚會中認識了現任丈夫,一位剛完成博士學業、性格內斂的男子。雅麗主動出擊,最終贏得這段讓人稱羨的姻緣。

她的幸福不是運氣,而是來自她從未放棄自我。當其他人忙著妥協,她選擇保持沉著,不被外界的焦慮影響,用穩定的步伐走向自己的幸福。

婚姻不是任務,而是選擇。女人不該用「年齡焦慮」來逼迫自己結婚,更不該為了逃避孤獨而將自己草率交付。若還未遇到對的人,那就先讓自己成為那個值得幸福的人。

無論婚姻來得早或晚,請記得,讓自己始終保持清爽的外表與自信的姿態,是對自己的尊重,也是一種生活態度。不要

第八章　穩固關係，經營屬於自己的幸福

輕易對自己說「我就是嫁不出去」，更別讓這樣的語言變成否定自己的工具。人生的選擇本來就沒有對錯，只要是忠於內心的抉擇，就值得被祝福。

　　幸福不是趕時間，也不是靠妥協來換取。當妳足夠清楚自己要什麼，懂得經營自己，該來的人終究會來。到時候，妳會很慶幸自己沒有為了「嫁」而把人生隨便交出去。妳會發現，晚點遇見愛，其實也很好。

穩定婚姻的核心，是有智慧的持家人

進入婚姻後，從浪漫的戀愛階段進入實際生活，每對新婚夫妻勢必要面對許多現實問題，例如財務分配、購屋決策、生兒育女的時機與育兒基金的準備，甚至還有房貸、車貸等壓力接踵而來。如果兩人都沒有良好的家庭管理觀念，又沒有彼此信任與溝通協調的基礎，婚後生活很可能陷入混亂與摩擦。

因此，一個家庭必須有「主心骨」來統籌大小事務。就像一間公司需要主管指揮員工協同運作，家也需要一位持家人來主持內外事務、理財計畫、日常安排。這不代表權力獨裁，而是分工合作，有主有次，才能讓家庭運作順暢。

在現代社會，雖然講求平等與民主，許多夫妻採行 AA 制分擔開銷與家務，看似公平，其實也容易在不經意間形成責任模糊的狀況。比起兩個人各顧各的模式，分工明確的當家制度，反倒更能培養凝聚力與家庭向心力，也更容易打造出一個溫馨有序的家。

第八章　穩固關係，經營屬於自己的幸福

持家智慧是家庭穩定的後盾

企業家劉君曾分享他的經歷：在事業低潮、人生最困頓的時候，他的太太始終是他最堅強的後盾。無論他多晚回家，家中總有一盞燈在為他守候，總有一桌簡單卻溫熱的飯菜等著他。即使在他們租屋過日的那段日子，妻子仍努力將小小的空間打理得井井有條，讓他在疲憊之餘感受到家的溫暖，也因此更加堅定重新站起來的意志。

一個懂得經營家的女人，不只是打點日常家務而已，更是一個家的靈魂人物。她能將平凡的生活過得有條不紊，能在丈夫失意時鼓勵支持，在家庭遭遇波折時穩住陣腳。在她細膩的經營下，即便生活不富裕，家人也能在溫暖與愛裡獲得力量。

踏入婚姻的女性，除了期待愛情的長久與浪漫，更應該準備好成為一位有智慧、有擔當的持家人。這份角色不是犧牲自我，而是透過柔軟而堅定的力量，打造一個能讓彼此安心停泊的港灣。

婚姻不只是兩個人的情感結合，更是一種長期經營的生活合作。當一位女人願意用心成為家庭的掌舵者，不只是給了另一半力量與方向，也讓自己在愛中成為堅強而優雅的存在。有智慧、有遠見的持家人，是一個家庭最珍貴的資產，更是婚姻得以幸福長久的關鍵。

懂得放手，才能真正擁有

即將出嫁的女兒問母親：「媽媽，婚後我要怎麼維持愛情呢？」母親沒有急著回答，只是彎下腰，輕輕捧起一把沙。那捧沙在她的掌心裡穩穩地托著，既不散落，也不鬆動。然後她將雙手緊握，只見沙子立刻從指縫間流逝，待她鬆開手時，原本圓滿的一捧沙早已所剩無幾。

這一幕讓女孩恍然大悟。愛情如沙，太過用力反而失去；懂得鬆手，反倒能輕盈地擁有。婚姻中的愛，不是掌控和約束，而是留有空間與自由。許多女人一旦結婚，就認為該把老公「看緊一點」，認為沒有祕密才叫親密，結果卻往往讓男人備感壓力。

事實上，適度的距離才能讓人產生思念。就像作家需要孤獨才能創作，夫妻之間偶爾的分開也能重燃情感的火花。讓彼此喘口氣，才能讓婚姻有呼吸、有餘裕。

第八章　穩固關係，經營屬於自己的幸福

適時留白，讓婚姻更有韻味

柳眉與李勇結婚六年，常為小事爭吵。某次李勇因公外派兩個月，兩人首次分開這麼久，柳眉原本以為會覺得輕鬆，沒想到沒過多久，她便忍不住思念。電話愈打愈頻繁，語氣愈來愈溫柔，他們竟重新找回戀愛的感覺。

此後，他們每年安排一段獨處的時間，彷彿讓婚姻「放假」。這段適當的空白，不但沒讓感情疏遠，反而讓彼此在回歸後更加珍惜。所謂「七年之癢」，在他們身上竟成了重新出發的契機。

長久的陪伴若不懂得調節，難免讓人對感情產生倦怠。給愛一點空間，如同給彼此短暫的斷食，反而讓人更想再次品嘗那份甜蜜。

有位妻子曾說：「當我學會不把丈夫綁在身邊，而是給他自由、也給自己空間，我才發現，我們的婚姻有了新的可能。我能重新了解他，也能重新了解自己。」這種由心出發的成長，才是婚姻最珍貴的禮物。

愛情不是控制與占有，而是一種尊重與陪伴。願意放手，不代表不愛，而是更懂得愛的真諦。婚姻如同一捧沙，不需握緊，只需用心守護。讓彼此成為更好的自己，也讓愛情在信任與自由中綻放出最溫柔的光。

尊重，是愛情最深的溫柔

男人最在意的，往往不是金錢、不是權力，而是那一張叫做「面子」的無形面具。對於男人而言，面子幾乎等同於自尊，這份在意不亞於女人對美貌的追求。聰明的女人懂得，在一段關係裡，若不想讓男人受傷，最需要保護的，不只是他的身體或情緒，更是他的尊嚴。

莉莉出生在富裕家庭，從小自我感覺良好。她的丈夫出身鄉下，雖然性格踏實，卻總在莉莉的言語中被貶得一文不值。一次朋友邀約郊遊，當她見到朋友家的新車，便當著所有人的面抱怨丈夫沒本事，還拿他與別人比較，一番話說得丈夫滿臉陰沉。最終，她的言語刺痛了那個總是默默忍讓的男人，他頭也不回地離開了這段婚姻。

這段婚姻的結束，不是因為沒有愛，而是因為一次次在眾人面前失去尊嚴。當男人覺得自己被最親近的人否定時，心裡的距離會比實際的分離更遠。

第八章　穩固關係，經營屬於自己的幸福

　　面子不過是一種期待被肯定的心情。當妳在外人面前懂得給他一個臺階，私下再討論內心的不滿，他會覺得自己被理解、被尊重，而願意為這段關係付出更多。

溫柔，是婚姻裡最強大的力量

　　反觀另一個例子，海英是個脾氣火爆的女人，經常在家裡對丈夫大聲咆哮。有一次她正在發火，丈夫躲到了桌子底下，恰好老朋友突然造訪。情急之下，她靈機一動：「我說用抬的，你偏要扛，正好有人來幫忙了！」這樣一個幽默轉念，瞬間解除了丈夫的窘境，也保住了他的面子。

　　愛情裡最難的從不是付出，而是拿捏得恰到好處的分寸感。會在關鍵時刻替另一半設想，替他保留一點自尊，不僅讓關係更穩固，也讓彼此都能在感情裡感到被尊重與呵護。

　　男人的「面子」，其實就是他內心的一層防護。他們不願讓人看見自己脆弱的一面，只希望在愛的人面前，依然可以保有被仰望的榮耀感。當女人學會在適當的時候示弱、溫柔以對，那麼她將掌握讓這段關係長久的關鍵鑰匙。

　　尊重，是女人送給男人最深情的告白。當妳願意在外人面前讓他抬得起頭，他也會在私底下將妳捧在手心上。這樣的互動，才是長久婚姻的根基。

尊重，是愛情最深的溫柔

　　一段幸福的婚姻，從來不是誰征服誰，而是彼此的成全與體貼。給男人一點面子，不代表妳就失去了地位，反而會讓他更願意把妳捧在掌心裡。婚姻不只是柴米油鹽，還有日常裡最細膩的照顧與尊重。

　　妳的溫柔與理解，是他疲憊生活中的驛站。當妳願意成為他可以安心靠近的那個人，他自然也會用盡全力守護這份愛。

　　所以，愛他的同時，也請記得：留一點面子給他，也等於留住了愛情裡最珍貴的尊重與溫度。

第八章　穩固關係，經營屬於自己的幸福

少說多聽，婚姻更自在

一位作家曾說過：「幸福婚姻與平庸婚姻的差別，就是一日中有三、四句話選擇不說。」許多女性總希望能和伴侶無話不談，什麼心情、細節都想傾訴。然而，男人往往無法承受這樣的「語言**轟炸**」。在外壓力大，回到家卻無法休息，長久下來只會讓他選擇逃避。

舒琴就是典型的「話多型太太」，從早到晚總有聊不完的話題。丈夫忙了一整天，只想靜一靜，卻總得忍受不間斷的抱怨與閒聊。直到有一天，他忍無可忍終至爆發，讓舒琴大受打擊。她沒想到一向溫和的老公也有情緒的臨界點。

事實上，男人也需要被傾聽。當太太們一味傾倒情緒，卻忽略丈夫內心的話語時，關係就會失衡。聰明的女人會在適當時候閉上嘴，把傾聽的空間留給對方。男人也有自己的煩惱，他們需要被理解，而不是被責問。

溝通從傾聽開始

婚姻裡真正的關鍵不在於說了多少,而是是否聽懂了對方。若總是急著發表意見、打斷對方說話,不僅無法交流,還會讓對方感覺被否定。甚至一句無心的潑冷水,也可能毀了對方的期待與好心情。

要成為一位好的傾聽者,不僅是閉上嘴,更是放下自己,去理解對方的語氣與情緒。男人可能話不多,但當他主動說起心事時,就是他敞開心房的時候,若妳能把握住這樣的時刻,他將會更願意與妳靠近。

女人最美的力量,不在於能言善道,而在於能靜靜聆聽。學會在他疲憊時不多話,在他分享時多些鼓勵,在他猶豫時給予信任,這樣的婚姻才會越來越深厚。

與其讓話語填滿空氣,不如用沉默包容對方;與其執著於發聲,不如用聽見彼此的方式愛下去。嘮叨可以成為距離,聆聽卻能讓愛回到最初的模樣。

只要願意從心出發,婚姻的溫度,就能在彼此的理解中緩緩升溫。

第八章　穩固關係，經營屬於自己的幸福

聰明的女人，懂得用心經營關係

掌握男人的心，不靠強勢，更不靠束縛，而是靠理解與智慧。比起緊握不放的手，一份溫柔細膩的心意，才是能讓男人自願留下的理由。真正聰明的女人，從不靠「繩子」牽住對方，而是用心，用情，讓男人願意靠近、留戀，甚至依賴。

婚後不久，芳瑜發現丈夫迷上了打麻將。她不是沒有失望，但沒有哭鬧，而是用丈夫最愛的方式迎接他回家：一桌熱飯，一臉笑意。幾次之後，丈夫不再流連麻將館，反而期待回家。她沒有責備，只輕描淡寫地說：「最近都準時回來，工作比較輕鬆了嗎？」他心領神會，笑著點頭。

有智慧的女人不在情緒上發力，而是在日常中慢慢讓對方體會家的溫暖。即使是丈夫的娛樂，她也懂得參與其中、引導方向。這不是委曲求全，而是換個方式表達愛。

給足尊重，也照顧他的世界

婉婉婚後努力融入丈夫的圈子。當婆家有事，她從不推託，甚至願意把原本想買衣服的獎金拿去補貼小叔結婚；當丈

夫老同學來訪，她即使手頭拮据也想辦法張羅好菜色。她知道，丈夫面子掛得住，心裡就對這個家更有歸屬感。

一段婚姻，想讓男人投入，就要學會先照顧他的自尊與人際圈。會為對方父母親友花心思的女人，更容易贏得他的心與信任。

懂得轉換角色，讓感情保鮮

婚姻久了，感情難免趨於平淡，這時更需要一點變化。有智慧的女人懂得轉換角色，時而是成熟賢慧的太太，時而又像個撒嬌的小女孩；該堅定時堅定，該溫柔時溫柔。讓男人在日常生活中感受到新鮮與驚喜，愛情也能像銅壺般常擦常新。

感情需要呵護，婚姻需要用心經營，而不是靠舊情維繫。

所謂「馭夫」，不是讓對方像被拴住的羊一樣失去自由，而是讓他自願留下。這是一場關於愛與信任的博弈，也是女人智慧的體現。當妳願意用溫柔、尊重與適度的距離，陪著對方一起成長，男人自然會看見妳的價值，並用心回報。

婚姻從不是馴服與妥協的戰場，而是一段雙方共同前行的旅程。真正聰明的女人，懂得用心營造自由而穩定的空間，讓愛在其中自由流動，細水長流。

第八章　穩固關係，經營屬於自己的幸福

信任是婚姻最穩固的地基

　　無端猜疑，是婚姻最危險的腐蝕劑。一段本該溫馨的關係，往往因為缺乏信任而變得岌岌可危。猜疑總是從一些看似微不足道的小事開始，卻能演變成撕裂感情的大風暴。婚姻是一場雙人舞，需要兩個人同心協力、彼此信任，才能走得長遠。

　　鄭安與為心是在大學相識的學霸情侶，畢業後攜手赴美攻讀研究所，彼此事業有成，是眾人眼中的模範夫妻。然而隨著年齡增長與生活壓力，他們之間出現了微妙的變化。為心日夜為事業打拚，忙碌讓她容貌疲憊，心裡的不安全感也日漸加劇。反觀鄭安仍舊風采不減，為心開始無法自抑地懷疑丈夫，連他與鄰居老太太多說幾句話，或路人招呼一聲，她都會窮追猛問，質疑不休。

　　這樣的日子對鄭安而言就像活在監視器下，他形容自己每天都像躲不掉的犯人，甚至連最平常的寒暄也會被解讀為曖昧。終於，在不斷的爭執與猜忌中，兩人走到了婚姻的盡頭。

用信任修築婚姻的堡壘

婚姻之所以脆弱，往往不是因為第三者或重大矛盾，而是那些不斷累積的小懷疑。就像滴水穿石，不知不覺中鑿出了彼此的信任。猜疑的背後，常常隱藏的是不自信。當妳對自己沒有信心，就更難相信別人會全心全意愛著妳。

聰明的女人懂得給男人空間，更懂得給自己信心。生活中不是不能吃醋，而是要懂得分寸。偶爾的吃醋，是愛的表現；但無止盡的懷疑，只會讓愛變得沉重。

當懷疑來襲，最好的解藥是坦誠對話。只有常常交流，分享彼此的生活點滴，才能減少不必要的誤解。如同一句老話說得好：「知心才能不疑，信任才能相守。」

婚姻不是戰場，不需要防備與對立。一段穩固的關係建立在相互理解與尊重之上。別讓懷疑掏空了愛的本質。當妳願意相信對方，願意放過自己，也就能讓愛回到最初的單純。真正能維繫婚姻長久的，是信任，是理解，更是每天願意一同努力的心。當愛變成一種支持，而非壓力，婚姻才會走得長遠而美好。

第八章　穩固關係，經營屬於自己的幸福

婚姻不存在爭贏，而在於懂得退讓

露絲結婚那天早上，母親走上樓，將一對耳塞放到她手心裡，語氣前所未有地認真說：「記住，幸福的婚姻裡，總有些話值得妳選擇聽不見。」

當時露絲滿腦子都是婚禮的喜悅，完全不明白母親這番話的意義，直到婚後第一次爭執爆發，她才恍然大悟。那一刻，她終於理解了母親的苦心：人在情緒激動時，難免說出一些傷人的話，而最好的反應方式，就是裝作沒聽見，學會「耳邊風」的智慧。

婚姻不是一場誰對誰錯的辯論賽，更不是用來證明自己多有理的戰場。許多時候，一句沒聽見、一次轉身，反而能守住兩個人最初的溫柔。露絲把這份「鈍感力」運用在婚姻與職場，不再為一時的情緒翻臉，也不讓無謂的話語撕裂關係。這種看似「不計較」的態度，其實是一種成熟的選擇。

婚姻不存在爭贏，而在於懂得退讓

適度放過自己，也放過對方

婚姻裡的愛，若是一筆投資，那麼體諒與寬容就是最穩定的利息。妳可以用「耳塞」來保護自己，也可以學著用「眼罩」看待生活裡的不完美。睜一隻眼，閉一隻眼，不代表妳不在意，而是懂得在愛裡退一步，換來的是海闊天空。

許多夫妻爭吵的原因，其實都是些雞毛蒜皮的小事。老公襪子亂丟、房間凌亂、口氣不耐，妳忍不住要指責、要反駁，想要他變得更「合格」。但他還是他，生活習慣仍如往常，唯一變的是妳，從溫柔的女人變成愛嘮叨的老婆，愛，也就在吵鬧中磨損了。

像小欣就是幸福的典範。她婚後發現老公邋遢、不愛整潔，原本愛乾淨的她，並沒有因此抓狂，而是選擇偶爾幫忙打掃，偶爾放手不管。她說：「為什麼不能容忍他？為什麼非得改變他？」這種大度，才是真正懂得婚姻的人。

有時候，把眼光放遠一點，學會放過彼此的缺點，婚姻才能有喘息的空間。閉一隻眼，不是懦弱，而是妳選擇用智慧守住婚姻最柔軟的部分。

第八章　穩固關係，經營屬於自己的幸福

愛，不一定要看得太清楚

有句話說：「戀愛時睜大眼，結婚後要學會睜一隻眼閉一隻眼。」婚姻不是完美的童話，而是一場生活的修行。太過執著於對錯，反而失去了愛的溫度。當妳願意放下一些無謂的堅持，那些曾經讓妳皺眉的事，反而會變得可愛起來。

願每個女人，都能在婚姻裡學會這樣的鈍感力，既不麻木，也不敏感，懂得何時該聽、何時該裝聾，這樣的妳，會更柔軟，也更堅強。婚姻不是角力場，而是兩人攜手同行的旅程，走得久的，從來不是最「厲害」的，而是最懂得體諒與包容的那一對。

別讓這些話傷了感情

愛情穩定的夫妻,就像街頭一對對手牽著手、眼神裡藏著溫柔的人,讓人一眼就能感受到他們的甜蜜與信任。但如果妳看到這樣的畫面,不僅沒有一絲羨慕,反而在心中升起一股莫名的不平,甚至懷疑自己是否也曾有過這樣的幸福,或許就該注意一下自己和另一半的相處方式了。

很多感情之所以漸行漸遠,並不是因為不夠愛,而是因為說錯了話。婚姻裡,有些話看似無傷大雅,卻會像針一樣刺進對方的心。尤其對男人來說,尊嚴與被需要的感受,是維繫愛情的重要基石。

有些話,說出口就難收回

有些女人一吵架就脫口而出:「沒有我,你會有今天?」這樣的話表面上是在訴說自己的付出,實則是將對方貶得一文不值。愛是一種給予,不是拿來討債的籌碼。當妳開始斤斤計較自己為他付出了多少,其實也代表妳對這段感情已經產生了失落感。真心的愛,是無需翻舊帳的。

第八章　穩固關係，經營屬於自己的幸福

還有一種殺傷力極大的說法:「你根本就跟你爸一樣,一點出息都沒有。」這種話不只是對伴侶的指責,還連帶否定了他的家人,對男人來說幾乎是一種人格的否定。他可能一句話都沒回嘴,但那份自尊早已碎了一地。

更糟糕的是比較:「你看看人家小張,多有能力,你怎麼永遠不長進?」妳以為這樣說是激勵,其實只是在提醒他自己多麼不被妳看好。男人或許可以接受職場的競爭,但卻無法忍受自己在另一半眼裡永遠不如人。

再說一句女性常掛在嘴邊的話:「如果你真的愛我……」這樣的語句其實是一種情感勒索。愛從來不是交換的條件,更不是用來逼迫對方的工具。妳一旦常以這樣的語氣說話,對方可能會開始懷疑,妳到底是想被愛,還是只想證明自己值得。

給予尊重,經營愛情的長久溫度

說話是一門藝術,尤其是在婚姻裡,更是一種智慧。不該說的話就別說,該說的話也請用對方式說。每段感情裡,女人想要被呵護,男人則想要被肯定。當妳學會替男人留點面子,也許妳會發現,他開始給妳更多的溫柔與愛。

因為愛,不是靠批評與比較建立的,而是靠尊重與理解慢慢累積的。如果妳希望走在街頭牽手的人是你們兩個,就請從

今天起,放下那些傷人的話,學會用溫柔的語言經營一段細水長流的愛。

第八章　穩固關係，經營屬於自己的幸福

別讓忙碌成為藉口

有一天，一位媽媽拖著疲憊的身體回到家時，才剛踏進門，就看到五歲的兒子坐在玄關等她。

「媽媽，我可以問妳一個問題嗎？」小男孩怯生生地抬起頭。

「什麼問題啊？」媽媽語氣裡帶著倦意與些許不耐。

「妳一小時賺多少錢？」孩子低聲問。

「這不關你的事，你怎麼會問這種問題？」媽媽略顯不悅。

孩子仍舊固執地說：「我只是想知道嘛，請妳告訴我。」

媽媽嘆口氣說：「好吧，我一小時賺 250 元。」

孩子開心地點點頭：「我現在有 250 元了，可以跟妳買一小時嗎？妳明天可以早點回家陪我吃晚餐嗎？」

聽到這句話，媽媽愣住了。那一刻，她才發現，自己用整天的忙碌換來的收入，竟然比不上孩子渴望與她共度晚餐的那一個小時。許多事都可以再做，許多錢都可以再賺，但孩子的童年，錯過了就不再重來。

別讓忙碌成為藉口

家的溫度，是時間堆疊的

很多人認為，家是擁有屋頂與牆壁的空間，是可以遮風避雨的地方。但真正讓「家」有溫度的，是陪伴、是關心，是那一張不趕時間的餐桌，是那一個願意等待的眼神。

所以，家不是在哪裡，而是和誰在一起。只要有家人在，哪怕只是狹小的空間，也是溫暖的港灣。

不要等到來不及，才想給愛一個出口

「等我賺夠了錢，就帶爸媽去旅行。」這是很多人的口頭承諾。然而，許多父母一輩子省吃儉用，等著孩子哪天有空帶他們出門，但時間一晃十年過去了，他們的體力已經不堪奔波了，有些甚至等不到那一天。

老一輩常說：「子欲養而親不待。」別等到失去了才懂得珍惜。錢永遠都賺不完，但親情的機會卻可能只有一次。

別讓「我很忙」成為與家人之間的牆。別讓愛變成等待，別讓關心變成遺憾。或許只是一通電話、一頓飯的時間，就足以讓家人感到被記得、被需要。

幸福的家庭，不是因為房子有多大，而是裡面的人願意騰出時間給彼此。再忙，也請記得給家人一點時間，那不只是給他們的愛，也是給自己一份心安。

第八章　穩固關係，經營屬於自己的幸福

婚姻不該是與朋友告別的起點

每個人都需要朋友。朋友不只是陪伴，更是人生旅途中不可或缺的力量。有時候，朋友之間那份深刻的理解與支持，甚至比愛情更穩固、比親情更貼心。真正的知己，能讓我們的心靈有歸屬感，讓生活多了色彩與暖意。

但許多女性在步入婚姻之後，往往將注意力全然放在家庭與伴侶身上，無意間與昔日摯友漸行漸遠。她們總說：「真的太忙了，抽不出時間。」她們不知不覺地沉溺在小家庭的幸福中，忘了婚前那些在困難時候陪伴左右的朋友。

事實上，婚姻並不該成為隔絕友情的圍牆。朋友之間的來往，不只是感情的維繫，更是生活的延伸與補充。當一個女人長期困在家庭裡，失去與外界的連結，她的生活圈會日漸狹小，思想容易封閉，情緒也更容易陷入困頓。反之，持續維繫友情、保有生活情趣與社交活動，才能讓自己保有活力，也為婚姻增添更多滋養。

婚姻不該是與朋友告別的起點

真正的朋友,是心靈的支柱

朋友不只是吃飯聊天的伴,更像是生活中的心理治療師。有些心事,不一定能對另一半傾訴,但朋友總能在妳情緒低落時給妳一個出口。

許多家庭主婦面對日復一日的瑣事與孤單,容易悶在心裡,久而久之變得敏感又容易焦躁。若這時身邊有一位願意傾聽的好友,讓情緒得到釋放,心情自然輕鬆,也能讓她重新感受到生活的美好,婚姻也不再壓得她喘不過氣來。

朋友同時也是一面照見自己的鏡子。在生活的跌宕中,她們會提醒我們別忘了原本的樣子。女人若願意在友情中反思自己,就能在婚姻裡成為更好的自己。

愛情與友情並行,是生活的真正富足

聰明的女人懂得平衡愛情與友情的分量。她不會因為婚姻而遠離朋友,更不會把所有期待與情緒都壓在另一半身上。她清楚:愛情可以滋養心靈,友情同樣能支撐信念。

當朋友在,妳的人生就有更多選擇;當朋友懂,妳的內心就不會空虛。婚姻可以是人生的安穩,但友情才是讓我們保持清醒與成長的助力。

第八章　穩固關係，經營屬於自己的幸福

　　走在這條名為人生的長路上，有愛有情的女人，才是最富有的行者。別讓婚姻成為友情的句點，讓愛與友誼在妳生命中並肩而行，這樣的妳，才真正幸福且完整。

婚姻不該是與朋友告別的起點

電子書購買

爽讀 APP

國家圖書館出版品預行編目資料

優雅反叛！拒絕扮演社會定義的好女人：別把夢想困在眼淚裡！找回妳的名字，而非一種期待 / 林芷涵 編著. -- 第一版. -- 臺北市：財經錢線文化事業有限公司, 2025.04
面； 公分
POD 版
ISBN 978-626-408-245-7(平裝)
1.CST: 自我肯定 2.CST: 自我實現 3.CST: 女性
177.2　　　　　　114004427

優雅反叛！拒絕扮演社會定義的好女人：別把夢想困在眼淚裡！找回妳的名字，而非一種期待

臉書

編　　著：林芷涵
發　行　人：黃振庭
出　版　者：財經錢線文化事業有限公司
發　行　者：崧燁文化事業有限公司
E - m a i l：sonbookservice@gmail.com
粉　絲　頁：https://www.facebook.com/sonbookss/
網　　址：https://sonbook.net/
地　　址：台北市中正區重慶南路一段 61 號 8 樓
8F., No.61, Sec. 1, Chongqing S. Rd., Zhongzheng Dist., Taipei City 100, Taiwan
電　　話：(02) 2370-3310　　傳　　真：(02) 2388-1990
印　　刷：京峯數位服務有限公司
律師顧問：廣華律師事務所 張珮琦律師

-版權聲明-

本書作者使用 AI 協作，若有其他相關權利及授權需求請與本公司聯繫。
未經書面許可，不可複製、發行。

定　　價：299 元
發行日期：2025 年 04 月第一版
◎本書以 POD 印製